FUNDAMENTOS BÁSICOS DOS DIREITOS REAIS

SÉRIE ESTUDOS JURÍDICOS: DIREITO PRIVADO

inter
saberes

Camila Bottaro Sales Coelho

inter
saberes

Rua Clara Vendramin, 58 . Mossunguê . Cep 81200-170 . Curitiba . PR . Brasil
Fone: (41) 2106-4170 . www.intersaberes.com.br . editora@intersaberes.com

Conselho editorial Dr. Alexandre Coutinho Pagliarini, Dr.ª Elena Godoy, Dr. Neri dos Santos, M.ª Maria Lúcia Prado Sabatella ▪ **Editora-chefe** Lindsay Azambuja ▪ **Gerente editorial** Ariadne Nunes Wenger ▪ **Assistente editorial** Daniela Viroli Pereira Pinto ▪ **Preparação de originais** Ana Maria Ziccardi ▪ **Edição de texto** Caroline Rabelo Gomes, Letra & Língua Ltda. - ME ▪ **Capa** Luana Machado Amaro ▪ **Projeto gráfico** Mayra Yoshizawa ▪ **Diagramação e *designer* responsável** Luana Machado Amaro ▪ **Iconografia** Regina Claudia Cruz Prestes

Dados Internacionais de Catalogação na Publicação (CIP)
(Câmara Brasileira do Livro, SP, Brasil)

Coelho, Camila Bottaro Sales
  Fundamentos básicos dos direitos reais / Camila Bottaro Sales Coelho. -- Curitiba : Editora Intersaberes, 2022. -- (Série estudos jurídicos : direito privado)

  Bibliografia.
  ISBN 978-65-5517-058-0

  1. Direitos reais 2. Direitos reais - Brasil I. Título. II. Série.

22-125436   CDD-347.2

Índices para catálogo sistemático:
1. Direitos reais : Direito civil 347.2
    Cibele Maria Dias - Bibliotecária - CRB-8/9427

1ª edição, 2023.

Foi feito o depósito legal.

Informamos que é de inteira responsabilidade da autora a emissão de conceitos.

Nenhuma parte desta publicação poderá ser reproduzida por qualquer meio ou forma sem a prévia autorização da Editora InterSaberes.

A violação dos direitos autorais é crime estabelecido na Lei n. 9.610/1998 e punido pelo art. 184 do Código Penal.

Sumário

9 ▪ Apresentação

Capítulo 1
13 ▪ **Direito das coisas**
14 | Delimitação do objeto de estudo
23 | Fenômeno possessório
30 | Detenção
33 | Espécies de posse
38 | Efeitos da posse

Capítulo 2
47 ▪ **Propriedade**
49 | Direitos reais e formas de transmissão
52 | Propriedade: conceito e função social
57 | Atributos da propriedade
59 | Formas de aquisição da propriedade móvel
63 | Formas de aquisição da propriedade imóvel
77 | Formas de perda da propriedade

Capítulo 3
81 ▪ **Direito de vizinhança e direito condominial**
82 | Direito de vizinhança
97 | Direito condominial

Capítulo 4
115 ▪ Usufruto, uso e direito real de habitação

117 | Distinção entre usufruto, uso e direito real de habitação
119 | Usufruto
137 | Direito real de uso
140 | Direito real de habitação

Capítulo 5
151 ▪ Direitos reais de superfície, de servidão, de laje e direitos sociais

152 | Breves considerações sobre enfiteuse
155 | Superfície
160 | Servidão
166 | Direito real de laje
176 | Direitos reais sociais

Capítulo 6
197 ▪ Direitos reais de garantia

201 | Penhor
203 | Hipoteca
207 | Anticrese
208 | Alienação fiduciária

211 ▪ *Considerações finais*
215 ▪ *Referências*
233 ▪ *Sobre a autora*

Dedico esta obra aos meus pais, que me permitiram fazer minhas próprias escolhas para que eu me tornasse quem eu sou hoje, bem como fizeram do meu crescimento uma busca incessante pelo conhecimento. Gratidão por todo amor e respeito, em especial por serem meu porto seguro.

Apresentação

As relações jurídicas de natureza real sempre foram intrigantes para o estudo do direito das coisas. Ao fazermos uma retrospectiva histórica da disciplina, concluímos que, até a Constituição de 1988, o direito de propriedade sempre foi o protagonista das relações privadas. Em torno das relações proprietárias e do modo de apropriação de bens pelo homem, essas relações privatistas eram construídas, consolidavam-se e ganhavam novos contornos a partir de cada momento histórico.

A propriedade, sem dúvida nenhuma, foi o instituto de maior relevância e destaque nas legislações brasileiras. Uma de suas principais características como direito real, ao menos no Código

Civil de 1916, é a absolutez dos poderes conferidos para seu exercício. Usar, gozar, dispor e reaver sempre foram atos permitidos ao proprietário sem muita preocupação com seu *modus operandi*. Em outras palavras, nunca se questionou a forma como o uso, o gozo e a disposição se desenhavam. Funcionalizar a propriedade nos permite questionar se esses atributos proprietários estão sendo feitos conforme os ditames sociais. Nesse sentido, as transformações que ocorreram no direito privado no século XX, consolidadas pela Constituição Federal de 1988, permitiram que todos os princípios existenciais, como dignidade, solidariedade e bem-estar social, adentrassem os institutos de direito civil, inclusive a propriedade.

Eis o grande desafio: Como compatibilizar conteúdos puramente patrimoniais com princípios existenciais? Como tornar a propriedade "humanizada"? Tudo isso só é permitido a partir da constitucionalização do direito civil, emprestando a função social a todos os institutos previstos no Livro III – Direito das Coisas da Lei n. 10.406, de 10 de janeiro de 2002, o Código Civil (Brasil, 2002a).

Diante desse contexto, neste livro sobre direito das coisas, abordamos todos os institutos com base em sua função social. Para tanto, organizamos o conteúdo em seis capítulos.

No primeiro capítulo, apresentamos a estruturação básica da disciplina, sua distinção com as relações contratuais, seus princípios básicos norteadores, bem como o fenômeno possessório, com especial atenção à sua autonomia processual, prevista no art. 1.210, parágrafo 2º, do Código Civil de 2002.

Analisamos, no segundo capítulo, os direitos reais propriamente ditos, com base no art. 1.225 do Código Civil e considerando o acréscimo da alienação fiduciária. Evidenciamos todas as espécies de propriedade enfrentadas pelo legislador civilista, com destaque para a propriedade imobiliária. Em razão da extensão do tema, o conceito, as formas de aquisição e de perda e as modalidades de seu exercício por meio do direito de vizinhança e do direito condominial são devidamente aprofundados no capítulo seguinte.

Nesse contexto, no terceiro capítulo, apontamos como as formas condominiais vêm se apresentando no cenário pós-moderno, bem como os elementos estruturais, históricos e econômicos dos novos tipos de condomínio, como a multipropriedade. Também discutimos o direito de vizinhança, tema relevante em razão da velocidade da vida moderna, uma vez que é preciso pensar nas cidades inteligentes e ressignificar as limitações e as condições de uso do bem em razão do sossego, da saúde e da segurança dos moradores.

Em seguida, examinamos os direitos reais sobre coisas alheias de gozo e fruição, que são tratados em dois capítulos para facilitar e melhor organizar os estudos. No quarto capítulo, abordamos a categoria de direitos reais que decorrem do usufruto, analisando o próprio usufruto com todas as suas características básicas e seus elementos estruturantes, bem como as duas figuras jurídicas que dele decorrem, a saber, o direito real de uso e o direito real de habitação, este último tanto em sua perspectiva inter vivos quanto causa *mortis*.

No quinto capítulo, em continuidade aos direitos reais sobre bens alheios, o ponto central é o direito real de superfície, inserido pelo legislador em 2022, e suas distinções em relação ao sistema anterior, atualmente extinto, denominado *enfiteuse*. Abordamos o direito real de servidão, o direito real de laje, bem como a concessão de uso especial para fins de moradia (Cuem) e a concessão de direito real de uso (CDRU).

Por fim, no sexto capítulo, tratamos dos direitos reais de garantia, tão significativos no campo econômico, uma vez que asseguram o inadimplemento das relações obrigacionais. O proprietário do bem, pelo exercício de sua autonomia privada, em razão de uma relação contratual anteriormente celebrada, agora se tornará devedor hipotecário, anticrético ou pignoratício, pois determinado e específico bem foi dado por ele em garantia para assegurar o possível inadimplemento de uma relação contratual anteriormente celebrada.

Esperamos que, ao final deste estudo, os leitores e as leitoras sintam-se capazes de compreender as concepções básicas das normas do direito das coisas e sua concreta aplicação no plano da realidade fática e da nova dinamicidade dessa área, baseada na ideia de celeridade, multititularidades e funcionalidade.

Boa leitura!

Capítulo 1

Direito das coisas

Ao iniciarmos o estudo do Livro III da Parte Especial do Código Civil, denominado Direito das coisas, precisamos ter em mente que tipo de "coisas" o legislador buscou sistematizar na legislação civilista brasileira.

Antes disso, devemos considerar o fato de que o Livro III tem uma interdisciplinaridade muito extensa e, portanto, dialoga com outros ramos do conhecimento jurídico, como: direito constitucional, direito contratual, direito imobiliário, direito registral, ou notarial, direito das famílias e sucessões, direito tributário, direitos humanos, direito urbanístico, direito agrário, direito bancário, direito ambiental, entre outros.

Dessa forma, delimitaremos o objeto de estudo do direito das coisas a partir da inserção dessa disciplina no contexto histórico civilista.

— 1.1 —
Delimitação do objeto de estudo

Afinal, quais são as coisas estudadas no Livro III do Código Civil? Devemos considerar que o primeiro Código Civil brasileiro, de 1916, foi elaborado em um contexto histórico em que a propriedade rentável era basicamente a propriedade corpórea, imóvel, rural e privada. Isso definiu o papel do direito das coisas na legislação centenária. A "coisa" a que se referia o Livro III eram as coisas que podiam ser apropriadas pelo homem e comercializadas, ou seja, coisas negociáveis. Também se priorizavam os bens corpóreos, já que os bens incorpóreos ainda não eram incidentes de forte fator econômico, ao menos no Brasil, e a circulação de grandes riquezas girava em torno dos bens imóveis e rurais, pois traduziam maior produtividade.

Por fim, os bens privados eram evidenciados nessa parte do Código Civil, já que, desde sempre, coube ao Estado, em regra, a administração dos bens públicos, sendo essas questões objeto de estudo do direito constitucional e do direito administrativo.

Atualmente, podemos afirmar que o Código Civil de 2002 manteve a estrutura basilar do Código Civil anterior no que diz respeito ao direito das coisas. Contudo, trouxe algumas modificações importantes e atuais que foram consagradas no século passado em razão do avanço tecnológico, do processo de urbanização acelerado, das mudanças climáticas que provocaram mais preocupação com o meio ambiente, com a própria mudança de comportamento das relações de consumo e com o novo papel da propriedade – direito real mais amplo – inserido no decorrer dos últimos 50 anos.

Tudo isso fez com que o legislador abordasse, nos arts. 1.196 a 1.510 do Código Civil de 2002, outras formas de titularidades, como a maior preocupação com a função social dos bens móveis, em razão do maior descarte de bens pelo excesso do consumo, e com a ocupação de áreas públicas, em virtude do processo de urbanização que impossibilitou a invasão de áreas dessa natureza, motivo pelo qual a concessão de uso especial para fins de moradia e a concessão de direito real de uso foram inseridas no rol do art. 1.225 do Código Civil, embora com nascedouro nos contratos administrativos.

Os bens urbanos passaram a ter maior relevância na temática em questão e outros assuntos foram inseridos e sistematizados, como as novas formas condominiais, a regularização do "puxadinho" pelo direito real de laje, a substituição da enfiteuse pela superfície para retratar a necessidade do termo final dessas relações e, por fim, a promessa de compra e venda, que deixou de ter apenas natureza pessoal e passou a ter também natureza real.

O que ainda mantivemos no Código atual foi a permanência do estudo voltado apenas aos bens corpóreos, já que os incorpóreos estão submetidos à legislação própria, não sendo aplicado a eles, em tese, os institutos aqui pensados, conforme se observa pela interpretação da Súmula n. 228 do Superior Tribunal de Justiça (STJ): "É inadmissível o interdito proibitório para a proteção de direito autoral" (Brasil, 1999).

A propriedade que se estuda atualmente no Código Civil de 2002 é a propriedade corpórea, urbana ou rural, móvel ou imóvel, privada e pública.

Em suma, o Livro III da Parte Especial do Código Civil está subdivido em dois tópicos: (1) a posse e (2) os direitos reais. Elencados no art. 1.225, são eles: propriedade, servidão, superfície, usufruto, uso, direito real de habitação, direito do promitente comprador do imóvel, penhor, hipoteca, anticrese, concessão de uso especial para fins de moradia, concessão de direito real de uso e direito real de laje (Brasil, 2002a).

Os direitos reais são classificados da seguinte forma[1]:

a. Direito real sobre coisa própria: propriedade e direito real de laje.
b. Direitos reais sobre coisas alheias: superfície e servidão.
c. Direitos reais de gozo e fruição: usufruto, uso e direito real de habitação.
d. Direitos reais de garantia: penhor, hipoteca e anticrese.
e. Direito real de aquisição: direito do promitente comprador do imóvel.
f. Direitos reais sociais: concessão de uso especial para fins de moradia e concessão de direito real de uso.

Nosso objeto de estudo, neste livro, será o conjunto de normas que regulam as relações jurídicas decorrentes da posse, da propriedade e dos demais direitos reais que dela decorrem, tendo como objeto os bens com valor econômico auferível.

Feita essa introdução, passamos para análise dos princípios que norteiam nossas discussões.

— 1.1.1 —
Princípios norteadores dos direitos reais

Existem, basicamente, quatro princípios, ou características, que podemos aplicar aos direitos reais. São elas: (1) princípio do absolutismo; (2) princípio da sequela, (3) princípio da preferência e (4) princípio da taxatividade.

---
1   A classificação poderá sofrer alterações conforme cada doutrina estudada.

Podemos compreender o **princípio do absolutismo** pela relação jurídica aplicada ao direito privado. Basicamente, as relações jurídicas de direito privado são formadas entre sujeitos, sejam eles pessoas físicas, sejam eles pessoas jurídicas. Por exemplo, quando estudamos direito das obrigações, as relações são formadas entre credor e devedor; quando estudamos a teoria geral dos contratos, elas são formadas entre contratante e contratado e, ao chegarmos aos contratos e suas espécies, nominamos cada um dos contratos: comprador *versus* vendedor, mutuante *versus* mutuário, doador *versus* donatário. Em outras palavras, todas as relações são formadas entre sujeitos, e o inadimplemento de um deles, em tese, só afetará a parte com quem ele firmou contrato. Quando o locatário, em determinado mês, não paga o aluguel, apenas o locador sentirá os efeitos desse inadimplemento.

Ocorre que, nas relações de natureza real, os efeitos são *erga omnes*, e não *inter partes*. Isso porque o proprietário, ou superficiário, por exemplo, ao tornar-se titular do bem, não relaciona com um sujeito determinado, mas sim com a sociedade, uma vez que, para se tornar proprietário ou titular de qualquer outro direito real, são necessários: o pagamento de impostos, em regra; o registro no Cartório de Registro de Imóveis (CRI) quando o direito real recai sobre imóvel; e o cumprimento da função social. Sendo assim, quando o proprietário não paga o Imposto Predial e Territorial Urbano (IPTU), toda a sociedade sente os efeitos desse inadimplemento.

Em suma, existe um verdadeiro dever geral de abstenção, ou seja, toda sociedade deve respeitar a titularidade de uma pessoa, assim como o titular deve respeitar a sociedade cumprindo com suas obrigações. Essa relação de reciprocidade é chamada de *absolutismo*.

O **princípio da sequela** é uma característica que determina que o direito real acopla ao bem e o acompanha independentemente de sua titularidade. Por exemplo, consideremos que A seja proprietário de um imóvel e cedeu-o em garantia (hipoteca) para determinado banco, em um contrato de mútuo celebrado. Na vigência desse contrato, A decide alienar o bem para B. Ao se tornar proprietário, B receberá a titularidade da propriedade e, com ela, a referida hipoteca para o banco, ou seja, a hipoteca é o direito real que acompanha o bem, independentemente de quem seja o proprietário.

Outro exemplo para facilitar o entendimento: suponhamos que X, proprietário de um imóvel, conceda seu imóvel em usufruto vitalício para Y, que se torna o usufrutuário. O usufruto vitalício é aquele que se extingue com a morte de Y, mas não de X. Se X falecer na vigência do usufruto, seus herdeiros receberão a propriedade de herança e, com ela, o usufruto instituído para X, que só se extinguirá com a morte de Y.

O **princípio de preferência** garante ao titular de um direito real a preferência em determinadas situações jurídicas. Por exemplo, quando ocorre a decretação da falência de uma empresa, o credor com garantia real, como o credor hipotecário, terá preferência na fila da falência para recebimento de seu crédito. Comumente, credores reais têm preferências executórias em relação aos credores comuns, ou quirografários.

Por fim, o **princípio da taxatividade**, o mais polêmico entre todos eles. Segundo esse princípio, apenas o legislador, por meio do devido processo legislativo, poderia criar, extinguir ou modificar o conteúdo dos direitos reais. Às partes, não caberia esse direito. Esse princípio passa, atualmente, por uma releitura, desencadeando, por isso, muita discussão. A pergunta a respeito desse princípio seria: O rol do art. 1.225 é um rol taxativo (*numerus clausus*) ou exemplificativo (*numerus apertus*)?

Existem três correntes para tentar responder a esse questionamento. A primeira entende que o rol seria taxativo e apenas as 13 situações jurídicas ali elencadas são direitos reais. A segunda considera que o rol seria taxativo, porém típico, ou seja, além dos 13 direitos reais ali elencados, poderia haver outros direitos reais em demais legislações, desde que elaborados pelo legislador, como seria o caso da alienação fiduciária. A terceira entende que o rol seria exemplificativo e que as partes, por meio do exercício de sua autonomia privada, poderiam criar novos direitos reais. Atualmente, a segunda corrente encontra maior força na doutrina brasileira.

— 1.1.2 —
Distinção entre direitos reais e direitos patrimoniais pessoais

Quando estudamos direito das obrigações, teoria geral dos contratos e contratos em espécie, estamos no campo dos direitos patrimoniais pessoais. Quando mudamos o estudo para o

Livro III da Parte Especial do Código Civil, estamos no campo dos direitos reais. Afinal, qual seria a distinção entre um contrato de comodato e um contrato de direito real de habitação? O que responde a essa pergunta é a distinção entre os direitos reais e os direitos patrimoniais pessoais. Vejamos essa diferença no Quadro 1.1, a seguir.

Quadro 1.1 – Direitos reais *versus* direitos patrimoniais pessoais

Direitos reais	Direitos pessoais
Relações jurídicas indeterminadas	Relações jurídicas determinadas
Princípio da publicidade dos atos	Princípio da autonomia privada e liberdade negocial
Efeito *erga omnes* (em regra)	Efeito *inter partes* (em regra)
Rol taxativo	Rol exemplificativo (art. 425 do CC)
Bem específico na execução	Não há bens específicos na execução
Caráter permanente	Caráter transitório

As relações jurídicas de direito real são indeterminadas porque o titular de direito real se relaciona com a sociedade, a coletividade em razão da natureza *erga omnes* dessas relações. Já as relações pessoais são determinadas porque o credor se relaciona com o devedor certo e determinado.

No direito real, os atos são públicos, pois a constituição de um direito real sobre coisa imóvel se formaliza pelo registro no cartório de registro de imóveis, de acordo com o art. 1.227 c/c[2] art. 1.245 do Código Civil. A publicidade é a principal característica

---

2   A abreviatura c/c significa "combinado com", ou seja, é preciso combinar dois dispositivos para tipificar ato ou conduta.

do direito notarial, ramo do direito que mantém grande diálogo com os direitos reais. Trataremos um pouco mais sobre registro na Seção 2.5.2.

Nas relações patrimoniais pessoais, comumente, seguimos o princípio do consensualismo, que trouxemos do direito romano, com o famoso brocardo "os bois se prendem pelos chifres e o homem pela palavra", logo, a palavra basta para caracterizar um contrato, com exceção de algumas modalidades contratuais cuja forma escrita é exigida pela lei e outras, na forma solene.

Em razão do princípio do absolutismo, já citado, as relações jurídicas de natureza real têm efeito *erga omnes* e as de direito patrimonial pessoais têm efeitos *inter partes*.

As relações de natureza real são de natureza taxativa, em regra, ao menos conforme corrente majoritária, apenas o legislador, por meio do devido processo legislativo, poderá criar, extinguir ou modificar direitos reais, ao passo que, nas relações de natureza patrimonial pessoal, aplicamos o disposto no art. 425 do Código Civil, que afirma: "É lícito as partes, estipularem contratos atípicos, observadas as normas gerais fixadas nesse Código" (Brasil, 2002a).

Outra distinção importante entre direitos reais e direitos patrimoniais pessoais é o processo de execução, pois o credor comum, chamado também de *credor quirografário*, deverá buscar bens no acervo patrimonial do devedor para satisfação de seu crédito. O credor com garantia real, por sua vez, sempre terá um bem específico para executar, a exemplo do credor hipotecário.

Os direitos reais apenas se extinguem pelas causas previstas em lei, alguns, inclusive, são de natureza perpétua, como a propriedade, a laje e a concessão de uso especial para fins de moradia. Os direitos patrimoniais pessoais, por sua vez, podem se extinguir pela vontade das partes por meio de uma notificação no prazo estabelecido em lei.

— 1.2 —
Fenômeno possessório

O estudo da posse é um dos temas mais instigantes e conflituosos do direito civil de modo geral. A posse intriga o estudo dos operadores do direito por várias razões: pela ausência de um conceito claro, pela discussão a respeito de sua natureza jurídica, pela dificuldade de aplicá-la na prática ou, ainda, pelas suas várias molduras no campo processual.

O Código Civil brasileiro regulamenta a posse nos arts. 1.196 a 1.224. Iniciamos com o fato de que nosso Código Civil não trouxe uma definição clara do que seria *posse*. O art. 1.196 não define o conteúdo da posse, mas sim do possuidor: "Considera-se possuidor todo aquele que tem de fato o exercício, pleno ou não, de algum dos poderes inerentes à propriedade" (Brasil, 2002a, art. 1.196).

O conceito real de posse deve, entretanto, ser analisado com base nas teorias possessórias.

— 1.2.1 —
Teorias possessórias

Há dois personagens na história do direito civil que marcaram o estudo da posse e sua natureza jurídica – Friedrich Carl Von Savigny e Rudolf von Ihering – que se propuseram a estudar a posse no século XIX e chegaram a conclusões diferentes sobre sua natureza jurídica.

Como explica Tartuce (2021), para Savigny, a caracterização da posse depende da junção de dois requisitos, quais sejam: *corpus e animus domini*. Para ele, *corpus* seria o uso da coisa. Por exemplo, neste momento, você está usando seu livro para estudar, portanto você teria o *corpus* do bem. *Animus domini* é a intenção jurídica de ser dono do bem, ou seja, a forma como você se coloca em uma relação jurídica definiria esse fato. Por exemplo, o comprador ao assinar o contrato de compra e venda define, nessa relação jurídica, que tem intenção de se tornar proprietário desse bem. Exatamente por exigir o *animus*, a teoria de Savigny ficou definida como *teoria subjetiva da posse*. (Tartuce, 2021).

Em seguida, Ihering também se propôs ao estudo sobre o tema e simplificou a teoria de Savigny para definir *possuidor* como aquele que possui o *corpus*. Por essa razão, a teoria de Iherign é chamada *teoria simplificada da posse*, pois ele reduziu a teoria de Savigny apenas para o *corpus*, a qual pode ser chamada também de *teoria objetiva da posse*. Tartuce (2021) descreve que

Ihering, em sua obra, cita o seguinte exemplo: quando encontramos, na rua, um homem com um chapéu na cabeça, podemos concluir que ele é o possuidor pelo fato de possuir o *corpus* do chapéu (Tartuce, 2021).

No início do século XX, sociólogos e juristas contemporâneos se propuseram a rever as teorias de Ihering e Savigny, não propriamente para alterá-las, mas para contextualizá-las ao novo cenário funcionalizado do qual Iherign e Savigny não faziam parte. Silvio Perozzi na Itália, Antônio Hernandez Gil na Espanha e Raymond Saleilles na França desenvolveram as chamadas *teorias socioeconômicas da posse* para atrelar seu estudo ao conteúdo de sua função social.

Nesse contexto, é importante sabermos qual teoria o Código Civil brasileiro de 2002 adotou. Analisaremos os arts. 1.196, 1.238 e parágrafo único do Código Civil para compreendermos essa influência:

> Art. 1.196. Considera-se possuidor todo aquele que tem **de fato o exercício**, pleno ou não, de algum dos poderes inerentes à propriedade.
>
> [...]
>
> Art. 1.238. Aquele que, por quinze anos, sem interrupção, nem oposição, **possuir como seu** um imóvel, adquire-lhe a propriedade, independentemente de título e boa-fé; podendo requerer ao juiz que assim o declare por sentença, a qual servirá de título para o registro no Cartório de Registro de Imóveis.

Parágrafo único. O prazo estabelecido neste artigo reduzir-se-á a dez anos se o possuidor houver estabelecido no imóvel a **sua moradia habitual, ou nele realizado obras ou serviços de caráter produtivo**. (Brasil, 2002a, grifo nosso)

Como vemos, é possível reconhecer, no art. 1.196, a teoria de Ihering; no art. 1.238, a teoria de Savigny; e, no parágrafo único do art. 1.238, as teorias sociológicas da posse. Concluímos, portanto, que a teoria de Ihering, de maneira geral, foi adotada. Já a teoria de Savigny foi utilizada no instituto da usucapião, e as teorias sociológicas da posse foram utilizadas sempre que o conteúdo da função social beneficia alguém.

Todavia, outra discussão se torna tão importante quanto a primeira: a posse seria um direito obrigacional/pessoal pelo fato de não estar inserida no rol taxativo (se assim se entender, conforme a doutrina estudada) do art. 1.225 do Código Civil ou ela seria um direito real, uma vez que, assim como a propriedade, também deve cumprir uma função social?

Há, nesse sentido, três correntes de pensamento. Uma, a de Ihering, que entende a posse como um direito real, visto que, para ele, a posse é mero fato, com relevância na ordem econômica. A segunda, a de Darcy Bessone, que entende a posse como um direito obrigacional, já que não está inserido no rol de direitos reais do art. 1.225 do Código Civil.

Por fim, a terceira, presente no conteúdo do Enunciado n. 236, da III Jornada de Direito Civil[3], que acrescenta a possibilidade de ser o possuidor "a coletividade desprovida de personalidade jurídica" (Brasil, 2005a, p. 66).

— 1.2.2 —
Formas de aquisição e de perda da posse

Em decorrência da interpretação do art. 1.196 do Código Civil, se possuidor é todo aquele que exerce, de modo pleno ou não, um dos poderes inerentes à propriedade, podemos afirmar que, de maneira generalizada, adquirimos posse com o exercício de um desses poderes, quais sejam: usar, gozar, dispor e reaver nos termos do *caput* do art. 1.228 do Código Civil.

Nesse mesmo sentido, o art. 1.204 dispõe que "adquire-se a posse desde o momento em que se torna possível o exercício, em nome próprio, de qualquer dos poderes inerentes à propriedade" (Brasil, 2002a). Portanto, basta que uma pessoa use o bem para já podermos considerá-la em uma relação possessória.

Com relação à sua origem, a posse pode ser originária ou derivada. A aquisição originária ocorrerá quando, entre o possuidor e o proprietário, não há qualquer relação jurídica que autoriza sua entrada no bem, por exemplo, a posse do possuidor

---

3 Os Enunciados aprovados em cada uma das Jornadas de Direito Civil podem ser consultados no site do Conselho da Justiça Federal por meio do link: <https://www.cjf.jus.br/cjf/corregedoria-da-justica-federal/centro-de-estudos-judiciarios-1/publica coes-1/jornadas-cej>. Acesso em: 30 jan. 2023.

ad usucapionem. A posse derivada decorre da autorização dada pelo proprietário para que o possuidor utilize o bem; por exemplo, a posse do locatário ou do comodatário, que decorre de um contrato anterior, ainda que verbal, celebrado entre eles.

Objetivamente, o art. 1.205 define que: "A posse pode ser adquirida: I – pela própria pessoa que a pretende ou por seu representante; II – por terceiro sem mandato, dependendo de ratificação" (Brasil, 2002a).

Há também a forma de aquisição pelo constituto possessório, na forma do Enunciado n. 77, da I Jornada de Direito Civil: "A posse das coisas móveis e imóveis também pode ser transmitida pelo constituto possessório" (Brasil, 2002b).

Para esclarecer o que é constituto possessório, nos basearemos nas palavras do professor Caio Mário:

> O constituto possessório é uma técnica de aquisição derivada, onde atuou o gênio inventivo dos romanos que, muito apegado aos critérios formais, prefeririam contornar a rigidez dos princípios a com eles transigir. Quando uma pessoa tinha a posse de uma coisa, e, por título legítimo, a transferia a outrem, não requeria o direito, que materialmente se entregasse, porém contentava-se com o fato de que o transmitente, por ato de vontade, deixasse de possuir para o mesmo, e passasse a possuir em nome do adquirente, e para este (Digesto, Livro 41, Título II, fr. 18, pr). O alienante conserva a coisa em seu poder, mas, por força de uma cláusula do contrato de alienação, passa à qualidade de possuir alieno nome, possuidor para outra pessoa. Esta, então, por força da cláusula constituti,

adquire a posse convencionalmente. O constituto possessório, em consequência, é um modo derivado de aquisição, e tão frequentemente usado no trato dos negócios, que se emprega como fórmula tabelioa, inserta mecanicamente em toda escritura translativa da propriedade. (Pereira, 2005, p. 61)

Para melhor compreensão da tradição ficta, é importante rememorarmos que tradição é forma de transmissão de bens que se opera pela sua simples entrega. Existem três espécies de tradição: a tradição real, quando entregamos o bem propriamente adquirido; a tradição simbólica, que se caracteriza pela entrega de algo que simboliza o bem adquirido, como a entrega das chaves quando compramos um carro; e a tradição ficta, em que não há qualquer entrega do bem porque a pessoa já o possuía e, posteriormente, torna-se proprietária, ou era proprietária e passou a ser possuidora.

Para exemplificar, suponhamos que A e B celebrem contrato de compra e venda com cláusula *constituti*, no qual A figura como comprador e B, como vendedor. O comprador A adquire o bem, registra-o em seu nome e, consequentemente, ocorre a transferência da posse indireta, ou seja, da propriedade. Contudo, B continua a residir no imóvel, não mais como proprietário, mas como locatário, ou seja, B continua com a posse direta do bem. Portanto, há uma alteração no campo jurídico – o imóvel agora está na propriedade de A –, mas não houve alteração no campo fático, pois B residia no imóvel e continua residindo. Assim, a doutrina define *constituto possessório* como tradição ficta, ou seja, aquela que só ocorreu no campo jurídico, mas não ocorreu no mundo dos fatos, pois não houve a efetiva entrega do bem.

Portanto, se a aquisição da posse ocorre pela aquisição de um dos poderes inerentes à propriedade, a perda da posse ocorre quando cessa o exercício de um dos poderes inerentes à propriedade, nos termos do art. 1.223 do Código Civil: "Perde-se a posse quando cessa, embora contra a vontade do possuidor, o poder sobre o bem, ao qual se refere o art. 1.196" (Brasil, 2002a).

Por fim, acrescentamos o art. 1.224: "Só se considera perdida a posse para quem não presenciou o esbulho, quando, tendo notícia dele, se abstém de retornar a coisa, ou, tentando recuperá-la, é violentamente repelido" (Brasil, 2002a). O conteúdo a que se refere esse artigo está diretamente relacionado à proteção possessória em caso de esbulho, turbação ou ameaça e será abordado com mais detalhes na Seção 1.5.

— 1.3 —
Detenção

No estudo sobre o direito das coisas, alguns sujeitos de relações jurídicas se apresentam com certo grau de importância, ao lado do possuidor, do proprietário e dos demais titulares de direitos reais. Assim, passaremos a tratar do detentor e dos efeitos práticos decorrentes dessa situação jurídica que se cria a partir da posse. Logo, pausamos agora o estudo da posse para abordarmos outra situação de extrema relevância para o mundo do direito das coisas: a detenção.

O detentor pode ser compreendido como o possuidor desqualificado pela lei, ou seja, o detentor possui o *corpus*, que, seguindo a teoria de Ihering (Tartuce, 2021), já seria suficiente para ser considerado possuidor, porém ele é desqualificado pela lei, porque se encontra em uma das três situações a seguir elencadas.

A primeira delas é a apontada no art. 1.198 do Código Civil, segundo o qual *detentor* é todo aquele que se encontra no bem em razão de uma relação de subordinação ou hierarquia. Em outras palavras, aquele que recebe ordens de uma pessoa e, por isso, encontra-se no bem com sua autorização. Lembramos que, para caracterização do detentor, não há necessidade de um contrato formal de trabalho, nem mesmo de remuneração, pois, muitas vezes, a pessoa cuida do imóvel em troca de moradia e alimentos. O típico exemplo do detentor é a figura do caseiro.

> Art. 1.198. Considera-se detentor aquele que, achando-se em relação de dependência para com outro, conserva a posse em nome deste e em cumprimento de ordens ou instruções suas.
>
> Parágrafo único. Aquele que começou a comportar-se do modo como prescreve este artigo, em relação ao bem e à outra pessoa, presume-se detentor, até que prove o contrário. (Brasil, 2002a)

A segunda situação está apontada na primeira parte do art. 1.208, e a terceira, na segunda parte desse artigo, como vemos na citação:

Art. 1.208. Não induzem posse os atos de mera permissão ou tolerância assim como não autorizam a sua aquisição os atos violentos, ou clandestinos, senão depois de cessar a violência ou a clandestinidade [4]. (Brasil, 2002a)

Nesse caso, a principal distinção entre atos de permissão e atos de tolerância é que os primeiros decorrem de autorização expressa do proprietário, ao passo que os atos de tolerância decorrem de autorização tácita.

Portanto, com base na teoria de Ihering, detentor é possuidor, já que, nessas três situações vislumbradas, as pessoas possuem o *corpus* e usam o bem. Contudo, são desqualificadas pela lei por se encontrarem em situações especiais. Daí a conclusão de que detentor é o possuidor desqualificado pela lei (Tartuce, 2021).

As consequências de definirmos uma pessoa como detentora é que ela não tem direito a usucapião. O detentor não tem direito aos frutos que a coisa produz, nem a ser indenizado pelas benfeitorias realizadas no bem. A única proteção possessória que pode ser exigida pelo detentor seria a legítima defesa da posse. Além disso, o detentor, assim como o possuidor, deve ressarcir os danos causados no bem, conclusão decorrente na leitura sobre a teoria do ato ilícito, prevista no art. 186 do Código Civil, uma vez que todo aquele que causar dano a outrem deverá repará-lo (Brasil, 2002a).

---

4   Trataremos sobre os atos violentos e clandestinos mais à frente, na Seção 1.4.2, quando analisarmos a posse injusta.

— 1.4 —
Espécies de posse

O estudo sobre as espécies da posse auxilia na aplicação de seus efeitos. De acordo com o Código Civil, a posse pode ser classificada em direta e indireta, conforme o art. 1.197; justa e injusta, conforme o art. 1.200; boa-fé ou má-fé, conforme os arts. 1.201 e 1.202; *ad interdicta* ou *ad usucapionem*, conforme os arts. 1.210 e 1.238 a 1.242 (Brasil, 2002a). O Código de Processo Civil, Lei n. 13.105, de 16 de março de 2015, por sua vez, classifica a posse em nova e posse velha, nos termos do art. 558 (Brasil, 2015a).

Na sequência, faremos a análise de cada uma delas.

Posse direta e posse indireta

Para compreendermos essa classificação, partimos da premissa de que posse direta e posse indireta não coexistem na mesma pessoa, ou seja, possuidor direto e indireto são sujeitos diferentes. O possuidor indireto transfere ao direto o uso do bem em razão de uma relação jurídica de natureza pessoal, como um contrato de locação, ou de direito real, como um usufruto, por exemplo. Uma posse não anula a outra, podendo, inclusive, o possuidor direto defender sua posse em caso de violação do possuidor indireto, conforme art. 1.197 do Código Civil.

A posse direta, seguindo a teoria de Ihering, é daquele que detém o *corpus*, ou seja, a apreensão física do bem. Já o possuidor indireto é aquele que tem, por lei ou contrato, o poder de ceder a posse direta para outrem.

Uma posse será considerada como direta ou indireta quando for uma posse derivada, pois, como explicamos na Seção 1.2.2, a posse originária é aquela exercida por um sujeito que não tem qualquer relação jurídica anterior com o proprietário ou quem lhe cedeu a posse. Logo, não podemos falar em posse direta ou indireta para posse originária, como no caso do possuidor *ad usucapionem*. Nesse caso, a posse é originária em sua essência, portanto é tecnicamente correto afirmar que este possui posse, não posse direta.

Na relação jurídica locatícia, podemos afirmar que a posse do locatário seria posse direta, pois é ele quem reside no bem, e a posse do locador/proprietário seria a indireta porque é ele quem cedeu ao locatário, por força do poder proprietário de dispor, a posse direta.

Ressaltamos, neste ponto, que a posse indireta **não** é sinônimo de propriedade. Vejamos o seguinte exemplo para esclarecer a questão: imaginemos que A e B celebram contrato de locação no qual A é proprietário/locador e B é locatário. No contrato de locação, consta cláusula que permite a sublocação. A cláusula é exercida por B, locatário, que cede o uso do bem para C, portanto sublocatário. Assim, a posse de A é indireta, pois, na condição de proprietário, detém, por lei, o poder de dispor do bem; a posse de C é direta, pois ele encontra-se efetivamente usando o bem; e a posse de B altera-se de posse direta para indireta porque ele deixou de usar o bem ao passá-lo a C, pois, pela disposição contratual, ele (B) obteve do locador o poder de ceder o uso da coisa.

Posse justa e posse injusta

De acordo com o art. 1.200 do Código Civil, "é justa a posse que não for violenta, clandestina ou precária" (Brasil, 2002a).

O legislador utilizou um critério negativo nessa classificação, ou seja, ele define *posse justa* pelo que ela não é. Por exemplo, posse justa é aquela que não é injusta, e posse injusta é aquela que for violenta, clandestina e precária.

Posse justa é aquela adquirida sem vícios, e posse injusta aquela adquirida mediante os vícios da violência, clandestinidade e precariedade.

Entendemos por *violenta* a posse adquirida com coação física e/ou moral. Por *clandestina*, a posse adquirida às escondidas do proprietário ou do real possuidor; e, por *precária*, a posse adquirida com abuso de confiança, quando, por exemplo, ao final do contrato de locação, o locatário não devolver o imóvel conforme esperado pelo locador. Nesse caso, sua posse deixa de ser justa e passa a ser injusta, por força da precariedade, ou seja, ele abusou da confiança do locador e não cumpriu com a devolução o bem.

Os atos de violência, clandestinidade e precariedade podem se constituir por turbação, esbulho ou ameaça. O esbulho ocorre quando o possuidor é impedido do exercício de seus direitos possessórios. Já a turbação ocorre quando o possuidor fica limitado ao uso pleno do bem, podendo exercer determinados atos e ser impedido do exercício de outros. A ameaça ocorre quando o possuidor ainda tem a possibilidade do uso de bem, porém de maneira temerária.

Posse de boa-fé e posse de má-fé

A classificação das posses de boa-fé e de má-fé é a mais importante de todas porque, quando analisarmos os efeitos da posse, ela será fundamental para definirmos quase todos os efeitos produzidos.

Como dispõe o art. 1.201, "é de boa-fé a posse, se o possuidor ignora o vício, ou o obstáculo que impede a aquisição da coisa" (Brasil, 2002a). A palavra *ignora*, nesse artigo, significa "desconhece".

Em outras palavras, posse de boa-fé é de quem possui o justo título, o documento com um vício impeditivo de aquisição da propriedade, porém desconhecido pelo adquirente. O exemplo para esse caso é quando alguém compra um bem de quem não é o verdadeiro proprietário, a chamada *compra e venda non domini*.

O parágrafo único do art. 1.201 dispõe que "o possuidor com justo título tem por si a presunção de boa-fé, salvo prova em contrário, ou quando a lei expressamente não admite esta presunção" (Brasil, 2002a). Isso quer dizer que a presunção de boa-fé é uma presunção relativa, e não absoluta, cabendo prova em contrário nos termos do art. 1.202: "A posse de boa-fé só perde este caráter no caso e desde o momento em que as circunstâncias façam presumir que o possuidor não ignora que possui indevidamente" (Brasil, 2002a).

Já a posse de má-fé é daquele que ocupa um bem sabendo que não é seu, por exemplo, a pessoa que encontra um imóvel abandonado e resolve residir nele.

Posse *ad interdicta* e posse *ad usucapionem*

Sem artigo específico no Código Civil, a posse *ad interdicta* é a posse passível de ser protegida pelas defesas possessórias por meio das ações de reintegração de posse, manutenção de posse e interdito proibitório. Por exemplo, quando o possuidor é esbulhado de sua posse, nascerá para ele o direito de ajuizamento de uma ação de reintegração de posse para proteção de seu bem.

Como disposto nos arts. 1.239 a 1.242 do Código Civil, a posse *ad usucapionem* é aquela capaz de gerar direitos reais pelo decurso do tempo, uma vez preenchidos os requisitos da modalidade de usucapião que se quer comprovar. Um exemplo desse tipo de posse é quando o possuidor permaneceu no imóvel por 15 anos e cumpriu função social. Nesse caso, estamos falando apenas da modalidade de usucapião extraordinária do direito real de propriedade.

Posse nova e posse velha

A classificação de posse nova e a de posse velha é processual, que afetará o rito das ações possessórias estudadas pela disciplina de direito processual civil. Posse nova é quando o possuidor encontra-se no bem há menos de ano e um dia, e posse velha é aquela em que possuidor encontra-se no bem há mais de ano e um dia, conforme o art. 558 do Código de Processo Civil (Brasil, 2015a).

— 1.5 —
Efeitos da posse

Ao definirmos uma pessoa como possuidora, surgem para ela alguns efeitos decorrentes do exercício da posse. Os efeitos podem surtir na esfera dos direitos e dos deveres classificados em cinco categorias, como veremos a seguir.

— 1.5.1 —
Direito à usucapião

A posse, quando exercida com *animus domini* e diante do preenchimento de alguns requisitos, é capaz de gerar alguns direitos reais pelo decurso do tempo. Trata-se da aquisição de direitos reais pela usucapião e suas modalidades.

Como o instituto da usucapião é tratado pelo Código Civil como forma de aquisição de direitos reais, e não como efeito da posse; aprofundaremos esse tópico na Seção 2.5.3.

— 1.5.2 —
Direito à proteção possessória

Quando ocorre a violação da posse, nasce para o possuidor o direito às defesas possessórias, nos termos do art. 1.210, *caput*, do Código Civil: "O possuidor tem direito a ser mantido na posse em caso de turbação, restituído no de esbulho, e segurado de violência iminente, se tiver justo receio de ser molestado" (Brasil, 2002a).

Existem duas formas de defesa: (1) defesa judicial e (2) defesa extrajudicial. Com relação à defesa extrajudicial, chamada de *autotutela, desforço imediata* ou *legítima defesa da posse*, dispõe o parágrafo primeiro do art. 1.210 que:

> Art. 1.210. [...]
>
> § 1º O possuidor turbado, ou esbulhado, poderá manter-se ou restituir-se por sua própria força, contanto que o faça logo; os atos de defesa, ou de desforço, não podem ir além do indispensável à manutenção, ou restituição da posse. (Brasil, 2002a)

Por proporcionalidade, entendemos que, para a defesa da posse, o possuidor deve considerar a utilização de instrumentos proporcionais aos atos de ofensa, que, claro, devem ser contextualizados. No que se refere à imediatidade, a defesa deve ser utilizada no momento que agressão ocorreu, e não quando o proprietário ou o legítimo possuidor soube do fato.

De qualquer maneira, a legítima defesa da posse trata-se da última *ratio*, e o normal seria a utilização dos meios judiciais. Vejamos o esquema da Figura 1.1, a seguir.

Figura 1.1 – Proteção possessória

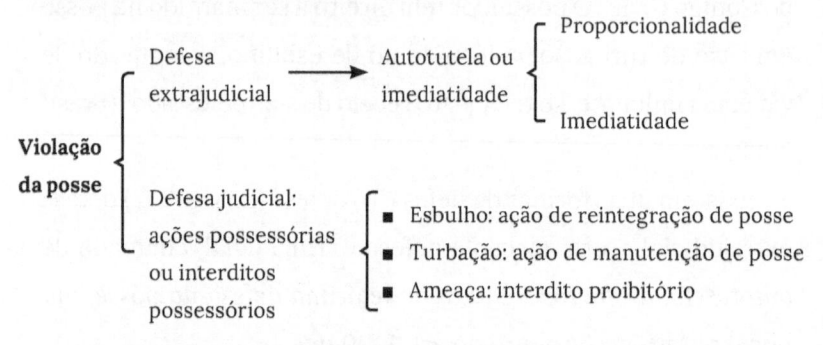

Violação da posse:
- Defesa extrajudicial → Autotutela ou imediatidade
  - Proporcionalidade
  - Imediatidade
- Defesa judicial: ações possessórias ou interditos possessórios
  - Esbulho: ação de reintegração de posse
  - Turbação: ação de manutenção de posse
  - Ameaça: interdito proibitório

Na via judicial, o proprietário tem duas formas de fazer tutela. A primeira pela via petitória, na qual, em busca da posse direta, ele fundamenta seu pedido no título. A segunda é pela via possessória, na qual o proprietário busca a posse direta com base na violação do bem. Nesse caso, o mesmo ocorre com o possuidor violado. A via para eles são as ações possessórias, também chamadas de *interditos possessórios,* que podem ser classificadas de três formas: (1) ação de reintegração de posse: quando o ato da violação é o esbulho; (2) ação de manutenção de posse: quando o ato de violação é a turbação; (3) o interdito proibitório quando ocorre apenas a ameaça.

Ressaltamos que essas são ações de natureza fungível e de caráter dúplice, que são tratadas de maneira mais aprofundada pelo direito processual civil.

— 1.5.3 —
Direito à indenização pelas benfeitorias

Quando um possuidor detém a posse direta do bem, é comum que realize obras com objetivo de manter, melhorar ou embelezar o bem. Essas obras são chamadas de *benfeitorias* e podem ser classificadas em três espécies: (1) benfeitorias necessárias, aquelas cujo objetivo é manter o uso normal da coisa; (2) benfeitorias úteis, aquelas cujo objetivo é melhorar o bem; (3) benfeitorias voluptuárias, aquelas cujo objetivo é embelezar o bem ou trazer lazer para o possuidor.

Ocorre que, após a realização dessas benfeitorias, o proprietário poderá buscar o bem e, se o pedido for julgado procedente, poderá reaver o bem com essas benfeitorias. Para sabermos se o proprietário deve indenizar o possuidor pelas benfeitorias feitas, primeiramente, devemos pesquisar se o possuidor está de boa-fé ou de má-fé, nos termos na classificação já estudada.

Como determina o art. 1.219, o possuidor de boa-fé tem direito de ser indenizado pelas benfeitorias úteis e necessárias, bem como o direito de retenção do bem sobre elas, e poderá levantar as benfeitorias voluptuárias se esse levantamento não danificar o bem. Ressaltamos que, na indenização, o possuidor de boa-fé terá direito ao valor atualizado das benfeitorias.

O possuidor de má-fé terá direito somente à indenização pelas benfeitorias necessárias, sem direito de retenção sobre elas e sem direito também de levantamento das benfeitorias voluptuárias, conforme determinado no art. 1.220. Caberá ao proprietário definir se pagará ao possuidor de má-fé o valor de custo ou o valor atualizado sobre as benfeitorias necessárias, as únicas a que o possuidor de má-fé faz jus, conforme o art. 1.222 do Código Civil. Vejamos o teor dos dispositivos:

> Art. 1.219. O possuidor de boa-fé tem direito à indenização das benfeitorias necessárias e úteis, bem como, quanto às voluptuárias, se não lhe forem pagas, a levantá-las, quando o puder sem detrimento da coisa, e poderá exercer o direito de retenção pelo valor das benfeitorias necessárias e úteis.
>
> Art. 1.220. Ao possuidor de má-fé serão ressarcidas somente as benfeitorias necessárias; não lhe assiste o direito de retenção pela importância destas, nem o de levantar as voluptuárias.
>
> Art. 1.221. As benfeitorias compensam-se com os danos, e só obrigam ao ressarcimento se ao tempo da evicção ainda existirem.
>
> Art. 1.222. O reivindicante, obrigado a indenizar as benfeitorias ao possuidor de má-fé, tem o direito de optar entre o seu valor atual e o seu custo; ao possuidor de boa-fé indenizará pelo valor atual. (Brasil, 2002a)

— 1.5.4 —
Direito aos frutos que a coisa produz

Outro efeito da posse é a possibilidade de gerar frutos, ou seja, as utilidades que a coisa produz. São os acessórios de determinado bem, classificados em frutos naturais, industriais ou civis.

Os frutos naturais são aqueles produzidos naturalmente pelo bem, ainda que haja intensificação do homem para maior produção, como o leite da vaca. Os frutos industriais são aqueles produzidos pelo homem, como o carro de uma montadora. Os frutos civis são aqueles que decorrem da exploração econômica do bem, como o aluguel ou os juros.

Nesse caso, para sabermos se o possuidor tem direito aos frutos que a coisa produz, primeiramente, devemos identificar se é um possuidor de boa-fé ou um de má-fé, classificação que já conhecemos.

O possuidor de boa-fé tem direito aos frutos percebidos, nos termos do art. 1.214:

> Art. 1.214. O possuidor de boa-fé tem direito, enquanto ela durar, aos frutos percebidos.
>
> Parágrafo único. Os frutos pendentes ao tempo em que cessar a boa-fé devem ser restituídos, depois de deduzidas as despesas da produção e custeio; devem ser também restituídos os frutos colhidos com antecipação. (Brasil, 2002a)

O possuidor de má-fé não tem direito aos frutos e deverá indenizar o proprietário pelos frutos que colheu, tendo direito de ser ressarcido pelas despesas oriundas com a colheita, como determinado nos artigos a seguir citados:

> Art. 1.215. Os frutos naturais e industriais reputam-se colhidos e percebidos, logo que são separados; os civis reputam-se percebidos dia por dia.
>
> Art. 1.216. O possuidor de má-fé responde por todos os frutos colhidos e percebidos, bem como pelos que, por culpa sua, deixou de perceber, desde o momento em que se constituiu de má-fé; tem direito às despesas da produção e custeio. (Brasil, 2002a)

— 1.5.5 —
Dever de indenizar o proprietário pelos danos causados no bem

Trataremos, nesta seção, não mais de um direito, mas de um dever como efeito da posse.

Assim como o possuidor pode realizar obras no bem, poderá também danificá-lo em razão do uso. A teoria geral dos atos ilícitos, disposta no art. 186 do Código Civil, determina que todo aquele que causar dano a outrem é obrigado a repará-lo. Portanto, o possuidor que causou danos ao bem do proprietário deverá indenizá-lo.

Para sabermos como essa reparação deverá ocorrer, novamente devemos recorrer aos conceitos da boa-fé e da má-fé.

No caso de posse de boa-fé, o possuidor responde somente pela perda ou deterioração que deu causa, ou seja, responderá na modalidade de responsabilidade civil subjetiva. Conforme dispõe o art. 1.217, "o possuidor de boa-fé não responde pela perda ou deterioração da coisa, a que não der causa", ou seja, só responderá se der causa (Brasil, 2002a).

Por sua vez, o possuidor de má-fé responderá pelos danos ainda que tenham ocorrido acidentalmente (responsabilidade civil objetiva).

Como vemos no art. 1.218, "O possuidor de má-fé responde pela perda, ou deterioração da coisa, ainda que acidentais, salvo se provar que de igual modo se teriam dado, estando ela na posse do reivindicante" (Brasil, 2002a), se provar que o dano teria ocorrido mesmo se o bem estivesse na posse do proprietário, o possuidor de má-fé terá a seu favor essa única excludente de responsabilidade. Um exemplo dessa situação seria a de um dano causado por um desastre natural.

Caso o possuidor tenha direitos (crédito) e deveres (débito) ao mesmo tempo em relação ao bem, poderá usar o instituto da compensação como forma de extinção, total ou parcial, de sua obrigação, na forma do art. 1.221: "As benfeitorias compensam-se com os danos, e só obrigam ao ressarcimento se ao tempo da evicção ainda existirem" (Brasil, 2002a).

Enfim, embora a posse ainda seja considerada, por parte da doutrina brasileira, como uma situação de fato, não podemos, nem devemos, negar sua importância. Questões práticas na vida jurídica relacionadas à posse e aos seus efeitos são enfrentadas pelos tribunais brasileiros.

Capítulo 2

Propriedade

A ordem proprietária no ordenamento jurídico brasileiro é a parte mais relevante na disciplina das titularidades porque, em torno da propriedade imobiliária, orbita uma série de relações fundamentais para a ordem econômica e tributária do país. Na história dos sistemas capitalistas, o acúmulo de bens, em especial os bens imóveis, sempre foi, e ainda é, forma de poder e de acesso. Por essa razão, embora o estudo do direito das coisas não se resuma ao direito de propriedade, ela é o direito real mais considerável para o ordenamento jurídico.

A propriedade é um instituto estudado em todos os ramos do direito, a começar pela sua natureza de direitos fundamentais garantida pelo art. 5º da Constituição Federal de 1988. Para o operador do direito, portanto, torna-se inevitável conhecer e se aprofundar nessa temática, sob pena de tornar-se um profissional defasado, em especial para planejamentos patrimoniais no campo do direito civil, como o familiar, o sucessório, ou o contratual.

Ressaltamos que o Livro III da Parte Especial do Código Civil apenas trata dos direitos reais, sejam móveis, sejam imóveis, instituídos por ato inter vivos, uma vez que a aquisição por ato *causa mortis* é objeto de estudo no Livro V do Código Civil, que trata do direito sucessório, cujas regras e cujo momento de transmissão são distintos do que estudamos neste momento.

Sendo assim, passaremos à análise da propriedade: seu conceito, seu conteúdo e sua funcionalização, bem como as formas de aquisição e de perda, com base nos efeitos jurídicos que são gerados.

— 2.1 —
Direitos reais e formas de transmissão

Antes de iniciarmos o estudo da propriedade, direito real mais amplo do Código Civil, analisaremos brevemente os direitos reais e suas formas de transmissibilidade. É importante sabermos a nomenclatura correta do titular do direito real em questão para facilitar a identificação do caso concreto. Também precisamos conhecer quais direitos reais recaem sobre bens móveis e quais recaem sobre bens imóveis, visto que as formas de transmissão são distintas.

No Quadro 2.1, com objetivo didático, apontamos todas as situações de direitos reais elencadas pelo Código Civil, os respectivos titulares que as representam e a classificação de bens móveis e imóveis.

Quadro 2.1 – Titularidades reais e natureza do bem

Direito real	Titular	Natureza do bem
Propriedade	Proprietário	Móvel ou imóvel
Superfície	Superficiário	Imóvel
Servidão	Imóvel dominante e imóvel serviente	Imóvel
Usufruto	Usufrutuário	Móvel ou imóvel
Uso	Usuário	Móvel ou imóvel
Direito real de habitação	Titular do direito real de habitação	Imóvel
Direito do promitente comprador do imóvel	Promitente comprador e promitente vendedor do imóvel	Imóvel

(continua)

(Quadro 2.1 - conclusão)

Direito real	Titular	Natureza do bem
Penhor	Credor e devedor pignoratício	Móvel ou imóvel
Hipoteca	Credor e devedor hipotecário	Móvel ou imóvel
Anticrese	Credor e devedor anticrético	Móvel ou imóvel
Concessão de uso especial para fins de moradia	Concessionário	Imóvel
Concessão de direito real de uso	Concessionário	Imóvel
Laje	Lajeado	Imóvel

Por fim, fora da lista, temos a alienação fiduciária, classificada como um direito real de garantia sobre coisa própria, cujos titulares são denominados *credor fiduciante* e *devedor fiduciário*, que pode recair tanto sobre bens móveis quanto sobre bens imóveis.

De acordo com o art. 1.226 do Código Civil: "Os direitos reais sobre coisas móveis, quando constituídos, ou transmitidos por atos entre vivos, só se adquirem com a tradição" (Brasil, 2002a).

Como já explicamos anteriormente, a tradição é a forma como se opera a transferência dos direitos reais que recaem sobre bens móveis. Existem três formas de tradição: (1) a tradição real, quando ocorre a entrega do bem adquirido; (2) a tradição simbólica, quando há a entrega de um bem que representa o bem adquirido, por exemplo a chave do carro; e (3) a tradição ficta, aquela que estudamos anteriormente no constituto possessório, Seção 1.2.2, ou seja, a situação jurídica que decorre da transferência da posse no mundo jurídico (posse indireta), mas não no mundo dos fatos (posse direta).

Já a transmissão dos direitos reais sobre bens imóveis está prevista no art. 1.227 do Código Civil, que determina que esses direitos, constituídos ou transmitidos por atos entre vivos, são adquiridos apenas com o registro no Cartório de Registro de Imóveis dos referidos títulos (arts. 1.245 a 1.247), excetuados os casos indicados no Código Civil.

Antes de tratarmos dos direitos reais sobre bens imóveis, precisamos analisar regra importante do art. 108 do Código Civil:

> Art. 108. Não dispondo a lei em contrário, a escritura pública é essencial à validade dos negócios jurídicos que visem à constituição, transferência, modificação ou renúncia de direitos reais sobre imóveis de valor superior a trinta vezes o maior salário mínimo vigente no País. (Brasil, 2002a)

Como vemos, quando o valor do imóvel é superior a 30 vezes o salário mínimo no país, o sistema brasileiro adota uma modalidade bifásica de aquisição de direitos reais, por meio da elaboração de uma escritura pública registrada no Cartório de Notas, como elemento de validade dos negócios jurídicos.

No esquema ilustrado na Figura 2.1, resumimos o que determina o artigo citado.

Figura 2.1 – Formas de transferência de bens imóveis

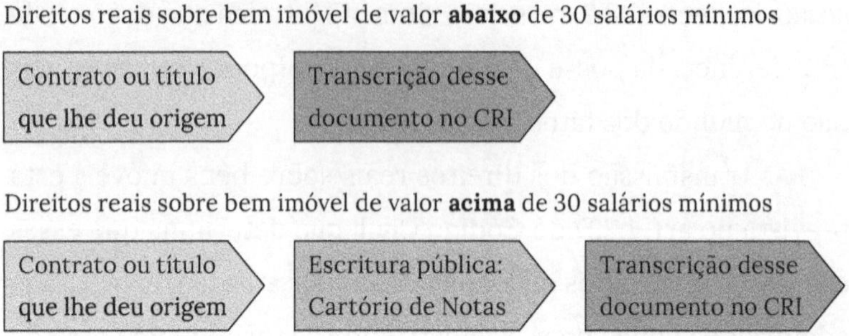

Direitos reais sobre bem imóvel de valor **abaixo** de 30 salários mínimos

| Contrato ou título que lhe deu origem | ➤ | Transcrição desse documento no CRI |

Direitos reais sobre bem imóvel de valor **acima** de 30 salários mínimos

| Contrato ou título que lhe deu origem | ➤ | Escritura pública: Cartório de Notas | ➤ | Transcrição desse documento no CRI |

Por fim, vale ressaltar que a escritura pública poderá ser lavrada, em regra, em qualquer cartório de notas, não havendo necessidade de fazer isso no local do imóvel. Já sua transcrição, obrigatoriamente, deverá ser feita no cartório de registro de imóveis onde está registrada a matrícula ou inscrição imobiliária do imóvel.

— 2.2 —

Propriedade: conceito e função social

Iniciaremos o estudo da propriedade, direito real mais amplo e antigo do Código Civil, com inúmeras repercussões de ordem social, econômica, política, jurídica, entre outras.

A propriedade, como direito real, está prevista a partir do art. 1.228 do Código Civil. Seu estudo será dividido em dois momentos em razão da amplitude da disciplina. Neste primeiro momento, analisaremos o conceito e a função social da propriedade, seus atributos, formas de aquisição e perda. No próximo capítulo, analisaremos duas matérias que se vinculam diretamente com o tema: (1) direito de vizinhança e (2) condomínio. Esses institutos não são direitos reais autônomos, mas atributos do direito de propriedade, assim, em razão de seus efeitos práticos, analisaremos em momento adequado.

Dessa forma, neste capítulo, o estudo da propriedade compreenderá os arts. 1.228 a 1.275 do Código Civil.

Na realidade, a natureza desse tema é interdisciplinar. Em diversas áreas do direito, o estudo da propriedade está presente. No direito penal, há o crime de dano, por exemplo; no direito tributário, os impostos incidentes sobre a transmissão da propriedade; no direito processual civil, a fase executória que recai sobre a propriedade do devedor; no direito constitucional, a propriedade como direito fundamental; no direito administrativo, a propriedade pública, por exemplo.

Por esse motivo, é possível afirmar que existem várias propriedades, conforme a tese das propriedades, criada por José Afonso da Silva, que ganham especificações à medida que se analisam seu conteúdo, suas formas de aquisição, sua função social e suas limitações.

Segundo José Afonso da Silva (1981, p. 92):

> Uma coisa é a propriedade pública, outra a propriedade social e outra a propriedade privada; uma coisa é a propriedade agrícola, outra, a industrial; uma a propriedade rural, outra, a urbana, uma a propriedade de bens de consumo, outra, a de bens de produção, uma a propriedade de uso pessoal, outra, a propriedade/capital. Pois, como alertou Pugliati, há bastante

tempo: "no estado das concepções atuais e da disciplina positiva do instituto, não se pode falar em um só tipo, mas se deve falar de diversos tipos de propriedade, cada um dos quais assume um aspecto característico". Cada qual desses tipos pode estar sujeito, e por regra estará, a uma disciplina particular, especialmente porque, em relação a eles, o princípio da função social atua diversamente, tendo em vista a destinação do bem objeto da propriedade.

A propriedade é um instituto interdisciplinar que pode ser estudado tanto no direito civil quanto nos direitos constitucional, notarial, registral, urbanístico, tributário, administrativo, entre outros, cada qual lhe atribuindo conteúdo específico. Contudo, como já destacamos, nosso objeto de estudo diz respeito à propriedade como direito real, embora não nos esqueçamos de que propriedade, em qualquer contexto, sempre deve cumprir sua função social.

Assim, vamos nos aproveitar do conceito traçado pelo renomado civilista clássico Orlando Gomes (2004, p. 109):

> Sua conceituação pode ser feita à luz de três critérios: o sintético, o analítico e o descritivo. Sinteticamente, é de se defini-lo, com Windscheid, como a submissão de uma coisa, em todas as suas relações, a uma pessoa. Analiticamente, o direito de usar, fruir e dispor de um bem, e de reavê-lo de quem injustamente o possua. Descritivamente, o direito complexo, absoluto, perpétuo e exclusivo, pelo qual uma coisa fica submetida à vontade de uma pessoa, com as limitações da lei.

Nessa seara, conforme dispõe o art. 1.228, *caput*, do Código Civil, "O proprietário tem a faculdade de usar, gozar e dispor da coisa, e o direito de reavê-la do poder de quem quer que injustamente a possua ou detenha" (Brasil, 2002a). Com base nisso, poderemos extrair os atributos da propriedade que serão analisados no próximo item.

Em seguida, dispõe o parágrafo 1º do mesmo artigo a respeito da funcionalização do direito de propriedade:

> Art. 1.228 [...]
>
> § 1º O direito de propriedade deve ser exercido em consonância com as suas finalidades econômicas e sociais e de modo que sejam preservados, de conformidade com o estabelecido em lei especial, a flora, a fauna, as belezas naturais, o equilíbrio ecológico e o patrimônio histórico e artístico, bem como evitada a poluição do ar e das águas. (Brasil, 2002a)

Observamos que o parágrafo 1º preenche o conteúdo da propriedade em consonância com o art. 5º, inciso XXIII, da Constituição de 1988, que reconhece à propriedade *status* de direito fundamental, desde que cumpra uma função social (Brasil, 1988). Portanto, os atributos do proprietário – usar, gozar, dispor e reaver – deverão respeitar as finalidades econômicas e socioambientais do direito de propriedade.

De acordo com o princípio da função social da propriedade, temos a redação dada ao parágrafo 2º do art. 1.228, com a chamada *teoria do abuso de direito*, aplicada ao direito de propriedade, que determina que: "São defesos os atos que não trazem ao proprietário qualquer comodidade, ou utilidade, e sejam animados pela intenção de prejudicar outrem" (Brasil, 2002a).

As determinações com relação à extensão da propriedade estão previstas nos arts. 1.229 e 1.230, delimitando o subsolo e o espaço aéreo a que a propriedade faz jus e garantindo ao proprietário, no art. 1.232, o direito aos frutos e aos produtos.

> Art. 1.229. A propriedade do solo abrange a do espaço aéreo e subsolo correspondentes, em altura e profundidade úteis ao seu exercício, não podendo o proprietário opor-se a atividades que sejam realizadas, por terceiros, a uma altura ou profundidade tais, que não tenha ele interesse legítimo em impedi-las.
>
> Art. 1.230. A propriedade do solo não abrange as jazidas, minas e demais recursos minerais, os potenciais de energia hidráulica, os monumentos arqueológicos e outros bens referidos por leis especiais.
>
> Parágrafo único. O proprietário do solo tem o direito de explorar os recursos minerais de emprego imediato na construção civil, desde que não submetidos a transformação industrial, obedecido o disposto em lei especial.
>
> [...]
>
> Art. 1.232. Os frutos e mais produtos da coisa pertencem, ainda quando separados, ao seu proprietário, salvo se, por preceito jurídico especial, couberem a outrem. (Brasil, 2002a)

— 2.3 —
Atributos da propriedade

Com base no art. 1.228, *caput*, do Código Civil, já citado, extraímos os chamados *atributos da propriedade*: (1) usar, (2) gozar, (3) dispor e (4) reaver.

É comum encontrarmos, na doutrina brasileira, em especial nas doutrinas clássicas, os atributos com a expressão *poderes proprietários*. Até o século passado, esses atributos eram chamados de *poderes proprietários* porque geravam verdadeira posição de hierarquia ao proprietário, que tudo poderia realizar com seu bem, sem preocupação com quaisquer consequências. Inclusive, pouco se falava em função social da propriedade com conteúdo relacionado ao direito ambiental.

Entretanto, com a promulgação da Constituição Federal de 1988, por meio da determinação do art. 5º, incisos XXII e XXIII, o proprietário muda da posição *de quem tudo pode* para a posição *de quem tudo deve*, porque a propriedade que não cumpre função social sequer se trata de um direito fundamental.

A propriedade não é apenas um direito, mas também um dever que obriga o proprietário a emprestar-lhe uma função social como requisito para caracterização de seu conteúdo, ou seja, **a propriedade não tem função social; a propriedade é função social**. Isso significa que o proprietário não apenas tem o poder de usar, gozar, dispor e reaver, mas também que ele deverá observar, no exercício desses atributos, sua utilização conforme o conteúdo funcionalizado.

Feitas essas considerações, analisaremos cada um desses atributos.

O primeiro deles, o direito de usar, *jus utendi* em latim, é o atributo do proprietário que direciona a ele a devida finalidade do bem. Um imóvel residencial tem seu uso implementado quando o proprietário utiliza-o para sua moradia e/ou de sua família, por exemplo. Um automóvel garante o uso ao seu proprietário quando se locomove levando pessoas e objetos.

O segundo, o direito de fruir, *jus fruendi* em latim, é o atributo que garante ao proprietário a possibilidade de explorar economicamente a coisa, retirando os frutos e os produtos. Como frutos, consideramos tudo aquilo que a própria natureza repõe à medida que ela produz e o homem consome, como o leite extraído da vaca; e como produtos, consideramos aquilo que, quando extraído da natureza, não é reposto, por exemplo, o petróleo.

Ressaltamos que alguns produtos são de exploração econômica exclusiva do Estado, como o petróleo e os metais preciosos; nesse caso, o proprietário poderá ser indenizado pelo produto contido no imóvel.

O terceiro, o direito de dispor, *jus disponendi* em latim, tem duas características distintas: a disposição total e a parcial. Pela disposição total, o proprietário poderá transferir ao adquirente todos os atributos inerentes à propriedade, como no contrato de compra e venda e no contrato de doação, no qual o comprador ou donatário passam ao exercício pleno de usar, gozar, dispor e reaver. Na disposição parcial, o proprietário poderá dispor de alguns atributos, permanecendo com outros. Esse ato poderá ocorrer por relações contratuais, como o comodato, ou por relações de natureza real, como o usufruto.

O quarto, o direito de reivindicar, ou *jus vindicatio* em latim, garante ao proprietário legitimidade ativa para proteger seu bem em caso de violação por meio das medidas processuais cabíveis, como ações possessórias e ação petitória (ação reivindicatória).

— 2.4 —
Formas de aquisição da propriedade móvel

De acordo com Código Civil, nos termos dos arts. 1.260 a 1.274, adquirimos propriedade móvel pela usucapião, pela ocupação, pelo achado de tesouro, pela tradição, pela especificação, pela comistão[1], confusão e adjunção.

Abordaremos como forma de aquisição da propriedade móvel apenas a usucapião, a ocupação e a tradição, pois as demais situações caíram em desuso pelo direito civil.

Usucapião é uma forma originária de aquisição de direitos reais móveis ou imóveis pelo decurso do tempo. Quando nos referimos à usucapião de bem móveis, temos apenas duas de suas modalidades, quais sejam: usucapião ordinária (boa-fé) e usucapião extraordinária (má-fé). No primeiro caso, o prazo é

---

[1] O termo foi incorretamente inserido pelo Código Civil como "comissão". O nome correto é *comistão*, ou seja, quando duas coisas sólidas e secas se misturam sem alteração de sua natureza, formando um novo produto que pode ser impossível separá-los.

de três anos e, no segundo caso, de cinco anos, conforme os artigos a seguir citados.

> Art. 1.260. Aquele que possuir coisa móvel como sua, contínua e incontestadamente durante três anos, com justo título e boa-fé, adquirir-lhe-á a propriedade.
>
> Art. 1.261. Se a posse da coisa móvel se prolongar por cinco anos, produzirá usucapião, independentemente de título ou boa-fé.
>
> Art. 1.262. Aplica-se à usucapião das coisas móveis o disposto nos arts. 1.243 e 1.244. (Brasil, 2002a)

A usucapião de bens móveis, embora menos significante do que a usucapião para coisas imóveis, tem duas modalidades no Código Civil, como indicado no Quadro 2.2.

Quadro 2.2 – Formas de usucapião de bens móveis

Modalidades	Ordinária	Extraordinária
Posse	Mansa e pacífica	Mansa e pacífica
Tempo	Três anos: contínua e inconstestada	Cinco anos: contínua e inconstestada
Requisito	Justo título e boa-fé	Não há justo título e boa-fé

Já a ocupação, prevista no art. 1.263 do Código Civil, dispõe que: "Quem se assenhorear de coisa sem dono para logo lhe adquire a propriedade, não sendo essa ocupação defesa por lei" (Brasil, 2002a). Isso ocorre, por exemplo, quando uma pessoa "adota" um cachorro abandonado na rua.

Por fim, conforme já analisamos, tradição é a forma como se transfere bens móveis por meio da entrega do bem. Vejamos os dispositivos legais:

> Art. 1.267. A propriedade das coisas não se transfere pelos negócios jurídicos antes da tradição.
>
> Parágrafo único. Subentende-se a tradição quando o transmitente continua a possuir pelo constituto possessório; quando cede ao adquirente o direito à restituição da coisa, que se encontra em poder de terceiro; ou quando o adquirente já está na posse da coisa, por ocasião do negócio jurídico.
>
> Art. 1.268. Feita por quem não seja proprietário, a tradição não aliena a propriedade, exceto se a coisa, oferecida ao público, em leilão ou estabelecimento comercial, for transferida em circunstâncias tais que, ao adquirente de boa-fé, como a qualquer pessoa, o alienante se afigurar dono.
>
> § 1º Se o adquirente estiver de boa-fé e o alienante adquirir depois a propriedade, considera-se realizada a transferência desde o momento em que correu a tradição.
>
> § 2º Não transfere a propriedade a tradição, quando tiver por título um negócio jurídico nulo.

Um tema de pouca relevância no estudo do direito de propriedade é o da descoberta, previsto nos arts. 1.233 a 1.237 do Código Civil, nos termos a seguir transcritos:

> Art. 1.233. Quem quer que ache coisa alheia perdida há de restituí-la ao dono ou legítimo possuidor.

Parágrafo único. Não o conhecendo, o descobridor fará por encontrá-lo, e, se não o encontrar, entregará a coisa achada à autoridade competente.

Art. 1.234. Aquele que restituir a coisa achada, nos termos do artigo antecedente, terá direito a uma recompensa não inferior a cinco por cento do seu valor, e à indenização pelas despesas que houver feito com a conservação e transporte da coisa, se o dono não preferir abandoná-la.

Parágrafo único. Na determinação do montante da recompensa, considerar-se-á o esforço desenvolvido pelo descobridor para encontrar o dono, ou o legítimo possuidor, as possibilidades que teria este de encontrar a coisa e a situação econômica de ambos.

Art. 1.235. O descobridor responde pelos prejuízos causados ao proprietário ou possuidor legítimo, quando tiver procedido com dolo.

Art. 1.236. A autoridade competente dará conhecimento da descoberta através da imprensa e outros meios de informação, somente expedindo editais se o seu valor os comportar.

Art. 1.237. Decorridos sessenta dias da divulgação da notícia pela imprensa, ou do edital, não se apresentando quem comprove a propriedade sobre a coisa, será esta vendida em hasta pública e, deduzidas do preço as despesas, mais a recompensa do descobridor, pertencerá o remanescente ao Município em cuja circunscrição se deparou o objeto perdido.

Parágrafo único. Sendo de diminuto valor, poderá o Município abandonar a coisa em favor de quem a achou. (Brasil, 2002a)

A descoberta, portanto, é o ato-fato jurídico que ocorre quando alguém encontrar coisa alheia perdida, gerando, para o descobridor, a obrigação da entrega da coisa ao proprietário ou ao Poder Público competente, para que este faça a averiguação necessária para dar início ao processo de arrecadação. Após esse processo, o bem poderá ser devolvido ao proprietário, se encontrado, ou passa a integrar os cofres do município, gerando ao descobridor direito de recompensa (achádego) no importe de 5% do valor do bem, além das despesas pela conservação da coisa, como especificados nos artigos já citados.

— 2.5 —
Formas de aquisição da propriedade imóvel

A propriedade imóvel pode ser adquirida de três formas, nos termos do Código Civil vigente. São elas: (1) acessão, (2) usucapião e (3) registro.

— 2.5.1 —
Acessões

Acessões são acréscimos que ocorrem no bem em razão de eventos da natureza ou da ação humana. Quando o acréscimo decorre de evento da natureza, chamamos de *acessão natural* e, quando decorre da ação humana, denominamos *acessão artificial*.

A acessão natural pode ocorrer pela formação de ilhas, aluvião, avulsão ou álveo abandonado, conforme disposto no art. 1.248, incisos I a IV. Já as acessões artificiais podem ocorrer por plantações ou construções, conforme art. 1.248, inciso V.

A formação de ilha é o resultado de porções de terras que se formam em um rio não navegável e geram propriedades aos ribeirinhos na proporção de suas testadas, como disposto no art. 1.249:

> Art. 1.249. As ilhas que se formarem em correntes comuns ou particulares pertencem aos proprietários ribeirinhos fronteiros, observadas as regras seguintes:
>
> I – as que se formarem no meio do rio consideram-se acréscimos sobrevindos aos terrenos ribeirinhos fronteiros de ambas as margens, na proporção de suas testadas, até a linha que dividir o álveo em duas partes iguais;
>
> II – as que se formarem entre a referida linha e uma das margens consideram-se acréscimos aos terrenos ribeirinhos fronteiros desse mesmo lado;
>
> III – as que se formarem pelo desdobramento de um novo braço do rio continuam a pertencer aos proprietários dos terrenos à custa dos quais se constituíram. (Brasil, 2002a)

Aluvião é o acréscimo de terras que se formam de maneira lenta, sucessiva e imperceptível à margem de um rio, aumentando a área do ribeirinho que ali reside, sem indenização, como consta no art. 1.250:

> Art. 1.250. Os acréscimos formados, sucessiva e imperceptivelmente, por depósitos e aterros naturais ao longo das margens das correntes, ou pelo desvio das águas destas, pertencem aos donos dos terrenos marginais, sem indenização.
>
> Parágrafo único. O terreno aluvial, que se formar em frente de prédios de proprietários diferentes, dividir-se-á entre eles, na proporção da testada de cada um sobre a antiga margem. (Brasil, 2002a)

A avulsão consiste em uma porção de terras que se destaca de maneira violenta e abrupta e acresce a outra margem, consequentemente, aumentando-a. O ribeirinho que ali reside terá aumento de seu terreno, devendo indenizar aquele que perdeu a porção de terras e que terá o prazo decadencial de um ano para pleitear o valor, sob pena de remoção, como disposto no art. 1.251:

> Art. 1.251. Quando, por força natural violenta, uma porção de terra se destacar de um prédio e se juntar a outro, o dono deste adquirirá a propriedade do acréscimo, se indenizar o dono do primeiro ou, sem indenização, se, em um ano, ninguém houver reclamado.
>
> Parágrafo único. Recusando-se ao pagamento de indenização, o dono do prédio a que se juntou a porção de terra deverá aquiescer a que se remova a parte acrescida. (Brasil, 2002a)

O álveo abandonado é o fenômeno do rio que seca – muito comum neste momento em que vivemos, com o aumento da temperatura global de modo generalizado. Ressaltamos que o secamento deve acontecer de maneira definitiva, como disposto no art. 1.252:

> Art. 1.252. O álveo abandonado de corrente pertence aos proprietários ribeirinhos das duas margens, sem que tenham indenização os donos dos terrenos por onde as águas abrirem novo curso, entendendo-se que os prédios marginais se estendem até o meio do álveo. (Brasil, 2002a)

A acessão artificial (por meio de plantações ou edificações) pode acontecer em terreno próprio, com material alheio, ou em terreno alheio, com material próprio. Assim, aquele que planta ou edifica em terreno próprio, com material alheio, adquire a propriedade da acessão desde que indenize o proprietário do material. Por sua vez, aquele que planta ou edifica em terreno alheio, com material próprio, perde a acessão se agiu de má-fé, ou ganha, se agiu de boa-fé, desde que indenize o proprietário pela perda do terreno. Os artigos citados a seguir dispõem sobre esse tema:

> Art. 1.253. Toda construção ou plantação existente em um terreno presume-se feita pelo proprietário e à sua custa, até que se prove o contrário.

Art. 1.254. Aquele que semeia, planta ou edifica em terreno próprio com sementes, plantas ou materiais alheios, adquire a propriedade destes; mas fica obrigado a pagar-lhes o valor, além de responder por perdas e danos, se agiu de má-fé.

Art. 1.255. Aquele que semeia, planta ou edifica em terreno alheio perde, em proveito do proprietário, as sementes, plantas e construções; se procedeu de boa-fé, terá direito a indenização.

Parágrafo único. Se a construção ou a plantação exceder consideravelmente o valor do terreno, aquele que, de boa-fé, plantou ou edificou, adquirirá a propriedade do solo, mediante pagamento da indenização fixada judicialmente, se não houver acordo.

Art. 1.256. Se de ambas as partes houve má-fé, adquirirá o proprietário as sementes, plantas e construções, devendo ressarcir o valor das acessões.

Parágrafo único. Presume-se má-fé no proprietário, quando o trabalho de construção, ou lavoura, se fez em sua presença e sem impugnação sua.

Art. 1.257. O disposto no artigo antecedente aplica-se ao caso de não pertencerem as sementes, plantas ou materiais a quem de boa-fé os empregou em solo alheio.

Parágrafo único. O proprietário das sementes, plantas ou materiais poderá cobrar do proprietário do solo a indenização devida, quando não puder havê-la do plantador ou construtor.

Art. 1.258. Se a construção, feita parcialmente em solo próprio, invade solo alheio em proporção não superior à vigésima parte deste, adquire o construtor de boa-fé a propriedade da parte do solo invadido, se o valor da construção exceder o dessa parte, e responde por indenização que represente, também, o valor da área perdida e a desvalorização da área remanescente.

Parágrafo único. Pagando em décuplo as perdas e danos previstos neste artigo, o construtor de má-fé adquire a propriedade da parte do solo que invadiu, se em proporção à vigésima parte deste e o valor da construção exceder consideravelmente o dessa parte e não se puder demolir a porção invasora sem grave prejuízo para a construção.

Art. 1.259. Se o construtor estiver de boa-fé, e a invasão do solo alheio exceder a vigésima parte deste, adquire a propriedade da parte do solo invadido, e responde por perdas e danos que abranjam o valor que a invasão acrescer à construção, mais o da área perdida e o da desvalorização da área remanescente; se de má-fé, é obrigado a demolir o que nele construiu, pagando as perdas e danos apurados, que serão devidos em dobro. (Brasil, 2002a)

— 2.5.2 —
Registro

Embora o tema tenha campo de estudo próprio no direito registral, ou notarial, regulamentado pela Lei n. 6.015, de 31 de dezembro de 1973 (Brasil, 1973b), faremos breve abordagem sobre registro em vista da interdisciplinaridade do direito das coisas com o direito notarial, já que, como vimos, os direitos reais sobre bens imóveis só se constituem mediante registro no cartório de registo de imóveis.

Registro é modo derivado de aquisição de propriedade que decorre de uma relação jurídica anteriormente celebrada entre o proprietário/alienante e o adquirente/novo proprietário, que se efetivará por meio do registro no cartório de registro de imóveis, nos termos dos arts. 1.227 c/c 1.245 do Código Civil, observada a regra do art. 108 do Código Civil, como exposto na Seção 2.1.

Os arts. 1.245 a 1.247 do Código Civil assim dispõem sobre o registro:

> Art. 1.245. Transfere-se entre vivos a propriedade mediante o registro do título translativo no Registro de Imóveis.
>
> § 1º Enquanto não se registrar o título translativo, o alienante continua a ser havido como dono do imóvel.
>
> § 2º Enquanto não se promover, por meio de ação própria, a decretação de invalidade do registro, e o respectivo cancelamento, o adquirente continua a ser havido como dono do imóvel.
>
> Art. 1.246. O registro é eficaz desde o momento em que se apresentar o título ao oficial do registro, e este o prenotar no protocolo.
>
> Art. 1.247. Se o teor do registro não exprimir a verdade, poderá o interessado reclamar que se retifique ou anule.
>
> Parágrafo único. Cancelado o registro, poderá o proprietário reivindicar o imóvel, independentemente da boa-fé ou do título do terceiro adquirente. (Brasil, 2002a)

Importante frisar que o registro não gera presunção absoluta de propriedade, portanto admite prova em contrário. Em outras palavras, ao analisarmos um registro, podemos concluir que a pessoa lá indicada como proprietário presume-se proprietário. Contudo, a presunção é relativa, ou seja, trata-se de uma presunção *juris tantum* (presunção relativa).

As hipóteses de admissão de prova em contrário são duas. A primeira quando o negócio jurídico que lhe deu origem tem vícios, como no caso de um contrato de compra e venda que deu origem ao registro e estava maculado pelo vício da simulação. Logo, o registro também restará viciado. A segunda quando o negócio jurídico a *non domini*, isto é, o alienante não é o verdadeiro proprietário, por exemplo, quando a venda é feita por aquele que não é o verdadeiro proprietário.

Configuradas essas situações, a parte interessada poderá ajuizar ação de invalidade do título combinada com o cancelamento de registro.

Atributos do registro

- Constitutividade: o registro constitui uma nova situação jurídica proprietária.
- Prioridade: aquele que primeiro registrar seu documento ou escritura pública no cartório de registro de imóveis torna-se proprietário, independentemente de quem possua documento mais antigo.
- Especialidade: todo registro deve ser minuciosamente detalhado.

- Publicidade: toda sociedade tem acesso ao registro, a fim de trazer segurança jurídica e confiança na celebração de um negocio jurídico.
- Legalidade: o registrador deve analisar todas as condições do registro para proceder suas anotações no respectivo livro.
- Continuidade: o registro de um título prende-se ao anterior, mantendo uma cadeia cronológica dos fatos. A esse atributo, damos o nome também de *historicidade* do registro.
- Força probante: o registro faz prova, ainda que relativa, de quem seja seu proprietário.
- Mutabilidade: o registro pode ser alterado.

Distinção entre registro, matrícula, averbação e prenotação

A matrícula é o número de inscrição do imóvel no cartório de registro de imóvel competente. Cada imóvel recebe uma numeração própria (bem infungível) que o individualiza no mundo jurídico. Independentemente do que aconteça com o imóvel – alteração do proprietário, instituição de usufruto ou cancelamento de hipoteca, por exemplo –, o número da matrícula permanecerá inalterável. Ele permite que possamos conhecer o atributo historicidade do imóvel.

O art. 167, inciso I, da Lei n. 6.015/1973, conhecida também como Lei de Registro Público, traz o rol de atos sujeitos a registro. Geralmente, registram-se os atos de instituição de um direito real, como o registro de uma hipoteca ou de um usufruto; de uma limitação ao bem decorrente de instrumento particular, como a instituição de um bem de família; ou de uma determinação judicial, como a penhora sobre um bem.

No art. 167, inciso II, da Lei de Registro Público, encontramos o rol de atos que devem ser averbados, entre eles as mudanças nas características físicas e/ou jurídicas no imóvel, como a instituição de uma cláusula de incomunicabilidade no bem; as qualificações do titular que possam interferir no bem, por exemplo, divórcio ou casamento do titular; e os atos de cancelamento de um direito real, como o cancelamento do usufruto, por exemplo.

A prenotação é o ato efetuado no cartório de registro de imóveis em que será dada uma numeração que assegura prioridade ao titular e inviabiliza o compartilhamento de direitos. Ocorre, por exemplo, quando o proprietário aliena um imóvel ao comprador, mas este não faz a escritura pública exigida para transferência do bem, seja por ausência de condições financeiras para pagamento dos valores devidos em relação aos tributos e taxas notariais e registrais, seja por descuido. Para que se tenha um mínimo de segurança, até que o comprador possa ter condições de exercer o ato, poderá fazer uma prenotação para que se dê publicidade ao contrato celebrado.

— 2.5.3 —

Usucapião

O Código Civil brasileiro esboça cinco modalidades de usucapião. São elas: (1) extraordinária, (2) ordinária, (3) especial urbana, (4) especial rural e (5) familiar.

Há, ainda, as modalidades coletiva e indígena, que estão previstas, respectivamente, na Lei n. 10.257, de 19 de julho de 2001, conhecida como Estatuto da Cidade (Brasil, 2001a), e na Lei n. 6.001, de 19 de dezembro de 1973, conhecida como Estatuto do Índio (Brasil, 1973a), e que não serão abordadas neste livro[12].

A palavra tem origem latina, e *usu* + *capio* significa "adquirir pelo uso". Ao contrário do registro, a usucapião trata-se de forma originária de aquisição de direitos reais. Neste ponto, analisaremos a usucapião da propriedade imóvel, tema de grande complexidade, pois envolve diversas modalidades de aquisição.

Como dissemos, usucapião é forma originária de aquisição de direitos reais, entre eles, o direito de propriedade, tanto móvel quanto imóvel. É uma das formas mais antigas de transformação da posse *ad usucapionem*[13] em propriedade pelo decurso do tempo.

O possuidor passa a usar o bem (*corpus*) como se fosse dono (*animus domini*) e, ao preencher os requisitos que pretende usucapir, torna-se proprietário do bem. Alguns doutrinadores denominam a usucapião de *prescrição aquisitiva*, pois, ao contrário do que ocorre na prescrição tradicional, em que há a perda do direito material pelo decurso do tempo, nesse caso, ocorrerá o

---

2   Usucapião extrajudicial, conforme art. 1.071 da Lei n. 13.105, de 16 de março de 2015 (Brasil, 2015a) e usucapião administrativa, conforme art. 26 da Lei n. 13.465, de 11 de julho de 2017 (Brasil, 2017) não são modalidades de usucapião, mas, apenas, vias de aquisição das modalidades previstas no ordenamento jurídico junto à via judicial.

3   Posse *ad usucapionem* é aquela estudada por Savigny, na qual se atribuem os elementos *corpus* mais *animus domini* para sua caracterização, como vimos no Capítulo 1.

oposto, ou seja, aquisição do direito de propriedade pelo decurso do tempo.

Importante salientar que essa nomenclatura é atécnica, pois prescrição, do latim *praescriptum*, significa "perda de um direito" em sua origem.

O que devemos considerar é que, de um lado, trata-se de forma de aquisição da propriedade pelo possuidor *ad usucapionem* e, de outro, trata-se de forma de perda da propriedade pelo proprietário. Em outras palavras, estamos falando de uma restrição, limitação de um direito fundamental, por isso será necessário o preenchimento criterioso de alguns requisitos previstos na lei.

Para esclarecer como se concretiza qualquer modalidade de usucapião, vamos denominar *requisitos gerais* aqueles que são comuns a todas as modalidades de usucapião e requisitos específicos aqueles que individualizam cada modalidade.

Entre os requisitos gerais, com base nos arts. 1.239 a 1.242 do Código Civil, podemos citar:

- abandono do bem pelo proprietário;
- posse de outrem (*ad usucapionem*, mansa, pacífica e ininterrupta);
- tempo (varia de acordo com a modalidade que se pretender usucapir);
- cumprimento da função social da posse.

Entre os requisitos específicos, seguimos a análise do quadro a seguir:

Quadro 2.3 – Modalidades de usucapião de bens imóveis, conforme o Código Civil

	Extraordinária	Ordinária	Especial urbana	Especial rural	Familiar
Legislação	Art. 1.238	Art. 1.242	Art. 1.240	Art. 1.239	Art. 1.240-A
Tempo	15 anos	10 anos	5 anos	5 anos	2 anos
Boa-fé	Não se aplica	Sim	Não se exige	Não se exige	Não se exige
Metragem	Não se aplica	Não se aplica	250 m²	50 ha	250 m²
Não ser proprietário de outro imóvel urbano ou rural	Não se aplica	Não se aplica	Aplica	Aplica	Aplica
Função social	10 anos, se a posse for pró-labore ou pró-moradia	5 anos[14]	Posse pró-moradia	Posse pró-labore e pró-moradia	Posse pró-moradia

Ressaltamos que a usucapião familiar, também denominada pela doutrina e pela jurisprudência de *usucapião conjugal*, tem características peculiares em razão de seu contexto de aplicabilidade, qual seja: relações de conjugalidade apenas em regime de bens que comportam a meação em que um dos cônjuges, ou companheiros, abandonou o lar conjugal.

---

4 Se o imóvel tiver sido adquirido, onerosamente, com base no registro constante do respectivo cartório, cancelada posteriormente, desde que os possuidores nele tiverem estabelecido sua moradia ou realizado investimentos de interesse social e econômico.

Essa modalidade foi inserida no Código Civil pela Lei n. 12.424, de 16 de junho de 2011, que reformulou a Lei n. 11.977, de 7 de julho de 2009, que, entre outras medidas, trazia uma série de questões a respeito da regularização fundiária urbana, bem como a implantação do Programa Minha Casa, Minha Vida (Brasil, 2011; 2009). Contudo, a modalidade de usucapião em questão nada tem a ver com esse programa. Qualquer imóvel que tenha sido adquirido mediante o preenchimento dos requisitos previstos no art. 1.240-A do Código Civil pode ser adquirido por usucapião familiar. Além dos requisitos gerais e específicos demonstrados no Quadro 2.3, essa modalidade também tem requisitos próprios, a saber:

- aplica-se apenas ao casamento ou à união estável, pois se trata da usucapião da meação;
- aplica-se a relações homoafetivas ou heteroafetivas;
- somente será caracterizada se o imóvel a ser usucapido tratar-se de bem comum do casal, porque aos bens particulares não se aplica o instituto, uma vez que sobre eles não existe meação;
- caracteriza-se pelo abandono do lar;
- aplica-se somente para imóveis urbanos de até 250 metros quadrados.

Antes de encerrarmos, é importante atentar para o fato de que usucapião é uma das formas mais interessantes e intrigantes de aquisição de direitos reais, destacando sempre sua forte utilização prática.

— 2.6 —
Formas de perda da propriedade

De acordo com o art. 1.275 do Código Civil, perde-se a propriedade pela alienação; pela renúncia; por abandono; por perecimento da coisa; e pela desapropriação. O parágrafo único do referido artigo esclarece que, nos casos de perda por alienação ou por renúncia, "os efeitos da perda da propriedade imóvel serão subordinados ao registro do título transmissivo ou do ato renunciativo no Registro de Imóveis" (Brasil, 2002a).

Conforme entendimento doutrinário, *alienação* é o ato de disposição do bem pelo exercício da autonomia privada do proprietário, como a venda e a doação, ou por determinação judicial, como no caso de arrematação.

Já *renúncia* é o negócio jurídico unilateral que decorre da manifestação de vontade expressa do proprietário que não deseja mais a permanência de determinado bem em seu acervo patrimonial. Para que possa gerar efeitos, depende de ato formal, devendo ser formalizada por escritura pública com posterior registro no CRI.

O abandono, ao contrário da renúncia, é um ato-fato jurídico que não precisa ser formalizado, o qual decorre da prática de atos do proprietário que nos fazem concluir que não deseja mais o bem.

O perecimento se caracteriza pela perda estrutural ou funcional do objeto, como o carro que teve perda total em caso de acidente ou a casa que foi levada pela enchente.

A desapropriação, por sua vez, é a mudança da natureza jurídica de determinado bem imóvel que deixa de ser particular e passa a ser público, em razão de situação jurídica social especial. Destacamos que existem algumas formas e modalidades sobre a desapropriação que dizem respeito ao direito administrativo e por ele devem ser tratadas. O Código Civil apenas elenca a desapropriação como forma de perda da propriedade, porque cabe aos civilistas precipuamente o estudo da propriedade privada.

Dois tópicos em especial nos chamam atenção neste momento. Trata-se das situações elencadas no art. 1.228 do Código Civil, nos parágrafos 4º e 5º, e a temática da requisição, prevista no parágrafo 3º do mesmo artigo.

De acordo com o parágrafo 3º do art. 1.228 do Código Civil, ao lado da figura da desapropriação, temos a figura da requisição, que também é medida administrativa, mas apenas com restrição da posse, e não da propriedade, em razão do perigo público eminente como enchentes, por exemplo.

Já os parágrafos 4º e 5º do art. 1.228 do Código Civil têm natureza jurídica controvertida no ordenamento jurídico brasileiro. Vejamos:

> Art. 1.228. [...]
>
> § 4º O proprietário também pode ser privado da coisa se o imóvel reivindicado consistir em extensa área, na posse ininterrupta e de boa-fé, por mais de cinco anos, de considerável número de pessoas, e estas nela houverem realizado, em conjunto ou separadamente, obras e serviços considerados pelo juiz de interesse social e econômico relevante.

§ 5º No caso do parágrafo antecedente, o juiz fixará a justa indenização devida ao proprietário; pago o preço, valerá a sentença como título para o registro do imóvel em nome dos possuidores. (Brasil, 2002a)

Alguns doutrinadores defendem a ideia de usucapião indenizatória. Nos filiamos ao posicionamento do professor Flávio Tartuce (2021, p. 152), segundo o qual, "é uma forma de desapropriação privada, que representa uma das principais restrições ao direito de propriedade na atual codificação, além de trazer como conteúdo a função social da posse e do domínio".

Nesse contexto, a desapropriação privada seria uma forma de perda da propriedade com fundamento na função social da posse, com caráter indenizatório. A questão que paira ainda diz respeito a quem pagará a indenização a que se refere o parágrafo 5º. Os possuidores que vão se tornar proprietários ou o Estado? Esse ponto ainda não foi solucionado pela jurisprudência.

No que se refere às formas de perda da propriedade, o Código Civil não as sistematizou com a mesma importância que as formas de aquisição, visto que, na maioria dos casos, a propriedade se transfere por relações negociais, como os contratos de compra e venda, ou por efeitos sucessórios. As formas de perda elencadas pelo Código Civil não são muito comuns.

Capítulo 3

*Direito de vizinhança
e direito condominial*

O estudo do direito de vizinhança e das relações condominiais é de extrema importância na temática das titularidades, embora não sejam caracterizados como direitos reais autônomos, mas sim como formas de exercício do direito de propriedade.

— 3.1 —
Direito de vizinhança

O estudo das relações de vizinhança é um dos temas mais antigos quando tratamos do exercício do direito de propriedade. Ao fazermos uma retrospectiva histórica sobre o direito de propriedade, constatamos que as questões pertinentes ao instituto da propriedade nos diversos contextos históricos implicam naturalmente trabalhar a redução dos direitos do proprietário em prol de determinados interesses, sendo eles de natureza pública ou privada, como no caso do direito de vizinhança.

Por esse motivo, alguns autores destacam que o direito de vizinhança seria uma verdadeira limitação ao direito de propriedade, inclusive, sendo, portanto, um dos direitos mais antigos. Vamos nos profundar um pouco nessa constatação.

Apesar de não ter sido encontrada nenhuma legislação escrita nas sociedades antigas, é interessante analisarmos como o ser humano já se relacionava com a propriedade. Na sociedade primitiva, a propriedade era coletiva e de necessidade vital de preservação da espécie humana, que se aglomerava em um único local para se proteger de invasões naturais e ali cultivar o alimento necessário para satisfação de suas necessidades básicas.

O aspecto religioso foi fundamental para o desenvolvimento do direito de propriedade individual. Fustel de Coulanges (2002), em sua obra A *cidade antiga*, descreve que, na cultura greco-romana, afirmava-se que os três pilares da sociedade eram a família, a religião e a propriedade. Uma vez que a história era centralizada no culto aos mortos, também chamado de *banquete fúnebre*, a propriedade era indispensável para que esse culto fosse perpetuado.

> Há três coisas que, desde os tempos mais antigos, se encontraram conexas e firmemente estabelecidas na sociedade grega e italiana: a religião doméstica, a família e o direito de propriedade; três coisas que mostram manifesta relação entre si em sua origem e que parece terem sido inseparáveis. A ideia de propriedade privada estava implícita na própria religião. Cada família tinha o seu lar e os seus antepassados. Esses deuses podiam ser adorados pela família e só ela protegiam; eram propriedade sua. [...] Cada família, tendo os seus deuses e o seu culto, devia ter também o seu lugar particular na terra, o seu domicílio isolado, a sua propriedade. (Coulanges, 2002, p. 66-68)

No que tange às limitações do direito de propriedade, nos primórdios de Roma, seu caráter absoluto era tão evidente que a propriedade era, inclusive, inalienável, inviolável e superior a qualquer outro direito, pois era nela que se perpetuava o culto fúnebre, um laço tão forte que nem a vontade humana poderia desfazer.

O costume dos povos antigos era enterrar seus antepassados no próprio lar, e não em cemitérios. Alienar a propriedade significava, então, diversas transformações no contexto religioso de cada família, pois a antiga e a nova família se confundiriam, razão pela qual não haveria culto e os mortos ficariam abandonados. A sepultura estabelecia um vínculo indissolúvel entre uma família e sua propriedade, por isso podemos afirmar que a religião garantiu o direito de propriedade, em um primeiro momento, e não as leis escritas.

> A propriedade sempre foi revestida de caráter absoluto e intangível. Apesar disso, sabe-se que, desde a Antiguidade, as limitações do direito de propriedade já existiam. Eram limitações de caráter privado relacionadas ao direito de vizinhança, pois "já em Roma, a lei fixava em dois pés e meio a largura do espaço mínimo para separar duas casas, e este espaço era consagrado ao deus da cerca" (Coulanges, 2002, p. 68). O objetivo dessa distância mínima era garantir que as casas não se tocassem e, de forma alguma, os deuses das famílias vizinhas se confundiriam.
>
> Outras limitações ainda existiam. A Lei de Sólon, por exemplo, permitia que a propriedade fosse alienada, mas o vendedor, contudo, sofria a sanção da perda de seus direitos de cidadão. Em outro momento, a lei romana permitiu que uma família alienasse seu terreno, mas mantivesse conservado o seu direito de atravessar a propriedade, a fim de alcançar o túmulo e realizar o culto, uma espécie de passagem forçada instituída legalmente na propriedade do comprador.

> A expropriação do bem com fins públicos era totalmente desconhecida, assim como a expropriação por dívidas. Por mais que a lei romana punisse o devedor inadimplente com seu corpo, sua propriedade era protegida, pois essa pertencia não apenas ao devedor, mas à sua família: aos mortos que deveriam ser cultuados naquele local e aos vivos que deveriam celebrar o banquete sagrado. Somente mais tarde, quando foram suprimidas as penas corporais ao devedor, é que foi preciso buscar meios de garantir a satisfação de uma obrigação e, dessa forma, a perda da propriedade passou a ocorrer mediante a sua penhora. (Sales, 2010, p. 19)

Nesse contexto, apenas com o estudo do direito canônico, a propriedade passou a ser consagrada como direito fundamental "inferior" à vida e à liberdade, embora nunca tenha sido negado seu poder socioeconômico de realização de negócios jurídicos e até matrimoniais.

A partir de então, o estudo do direito de vizinhança como forma de limitação à propriedade tornou-se inexpressivo, até que retomou atenção especial, em meados da década de 1950, com o crescente processo de urbanização nas grandes capitais e, atualmente, também nas cidades do interior do Brasil. Como sabemos, esse movimento de aumento do processo urbanístico acelera a construção de casas, condomínios e moradias de modo geral, cada vez com maior proximidade e, consequentemente, causando mais transtornos nas relações entre vizinhos.

O direito de vizinhança pode ser exercido de modo gratuito ou oneroso, e os bens jurídicos tutelados são: **segurança**, interpretada, aqui, tanto em sua acepção de solidez do bem quanto de segurança pública no uso da coisa, por exemplo, a obrigatoriedade dos condomínios de fechar as portas do *hall* de entrada ou a proibição de realizar determinadas obras que possam comprometer a solidez do imóvel; **sossego**, como é o caso da proibição de música alta a partir de determinado horário, observando as leis municipais do silêncio; **saúde**, como a forma de descarte adequado do lixo ou atos atentatórios ao meio ambiente, em especial quando o imóvel está localizado em áreas de preservação ambiental ou permanentes. Assim, temos o chamado 3S do direito de vizinhança.

Fato é que o uso do bem pode causar incômodos aos vizinhos mesmo quando tomamos toda a precaução necessária. Por isso, podemos dividir o uso do bem de três maneiras:

1. Uso normal, que causa um incômodo normal, como ouvir música em som tolerável no período diurno, mas que incomoda vizinhos que queiram estudar. Nesse caso, o incômodo precisa ser tolerado e não há de se falar em indenização.
2. Uso normal que causa incômodo anormal, como a igreja que celebra culto durante 10 horas de um dia e o volume da música, embora dentro dos decibéis permitidos, incomoda os vizinhos durante um período prolongado. Nesse caso, podem ser exigidas medidas amenizatórias.

3. Uso anormal que causa incômodo anormal, como ouvir música muito alta em qualquer período do dia. Nesse caso, pode-se aplicar multas ou pode haver indenizações no campo judicial.

Diante desse cenário, o legislador apontou sete situações especiais do direito de vizinhança, regulamentadas nos arts. 1.277 a 1.313 do Código Civil. Vejamos cada uma delas a seguir.

Situações especiais do direito de vizinhança

1. **Uso anormal da propriedade**: os arts. 1.277 a 1.282 do Código Civil referem-se ao direito do proprietário, ou do possuidor, de um prédio de fazer cessar as interferências prejudiciais à segurança, ao sossego e à saúde dos que o habitam, provocadas pela utilização de propriedade vizinha:

   > Art. 1.277. O proprietário ou o possuidor de um prédio tem o direito de fazer cessar as interferências prejudiciais à segurança, ao sossego e à saúde dos que o habitam, provocadas pela utilização de propriedade vizinha.
   >
   > Parágrafo único. Proíbem-se as interferências considerando-se a natureza da utilização, a localização do prédio, atendidas as normas que distribuem as edificações em zonas, e os limites ordinários de tolerância dos moradores da vizinhança.
   >
   > Art. 1.278. O direito a que se refere o artigo antecedente não prevalece quando as interferências forem justificadas por interesse público, caso em que o proprietário ou o possuidor, causador delas, pagará ao vizinho indenização cabal.

Art. 1.279. Ainda que por decisão judicial devam ser toleradas as interferências, poderá o vizinho exigir a sua redução, ou eliminação, quando estas se tornarem possíveis.

Art. 1.280. O proprietário ou o possuidor tem direito a exigir do dono do prédio vizinho a demolição, ou a reparação deste, quando ameace ruína, bem como que lhe preste caução pelo dano iminente.

Art. 1.281. O proprietário ou o possuidor de um prédio, em que alguém tenha direito de fazer obras, pode, no caso de dano iminente, exigir do autor delas as necessárias garantias contra o prejuízo eventual. (Brasil, 2002a)

2. **Árvores limítrofes**: os arts. 1.282 a 1.284 do Código Civil determinam que as árvores limítrofes são aquelas que fazem fronteiras com dois imóveis (prédios) ou com um imóvel e a via pública, podendo seus galhos ou frutos ensejarem discussões:

Art. 1.282. A árvore, cujo tronco estiver na linha divisória, presume-se pertencer em comum aos donos dos prédios confinantes.

Art. 1.283. As raízes e os ramos de árvore, que ultrapassarem a estrema do prédio, poderão ser cortados, até o plano vertical divisório, pelo proprietário do terreno invadido.

Art. 1.284. Os frutos caídos de árvore do terreno vizinho pertencem ao dono do solo onde caíram, se este for de propriedade particular. (Brasil, 2002a)

3. **Passagem forçada**: como determina o art. 1.285, é o direito que a lei confere àquele que habita em imóvel encravado a ter acesso à via pública pelo imóvel do vizinho:

> Art. 1.285. O dono do prédio que não tiver acesso a via pública, nascente ou porto, pode, mediante pagamento de indenização cabal, constranger o vizinho a lhe dar passagem, cujo rumo será judicialmente fixado, se necessário.
>
> § 1º Sofrerá o constrangimento o vizinho cujo imóvel mais natural e facilmente se prestar à passagem.
>
> § 2º Se ocorrer alienação parcial do prédio, de modo que uma das partes perca o acesso a via pública, nascente ou porto, o proprietário da outra deve tolerar a passagem.
>
> § 3º Aplica-se o disposto no parágrafo antecedente ainda quando, antes da alienação, existia passagem através de imóvel vizinho, não estando o proprietário deste constrangido, depois, a dar uma outra. (Brasil, 2002a)

4. **Passagem de cabos e tubulações**: os arts. 1.286 e 1.287 tratam da passagem de cabo e tubo para acesso a bens necessários, como cabo de internet, por exemplo. Isso tem se tornado cada vez mais escasso, com novas formas de tecnologia:

> Art. 1.286. Mediante recebimento de indenização que atenda, também, à desvalorização da área remanescente, o proprietário é obrigado a tolerar a passagem, através de seu imóvel, de cabos, tubulações e outros condutos subterrâneos de

serviços de utilidade pública, em proveito de proprietários vizinhos, quando de outro modo for impossível ou excessivamente onerosa.

Parágrafo único. O proprietário prejudicado pode exigir que a instalação seja feita de modo menos gravoso ao prédio onerado, bem como, depois, seja removida, à sua custa, para outro local do imóvel.

Art. 1.287. Se as instalações oferecerem grave risco, será facultado ao proprietário do prédio onerado exigir a realização de obras de segurança. (Brasil, 2002a)

5. **Sistema de águas:** disposto nos arts. 1.288 a 1.296, o sistema de uso das águas advindas da chuva ou de outra forma que podem causar desconforto no uso e descarte:

Art. 1.288. O dono ou o possuidor do prédio inferior é obrigado a receber as águas que correm naturalmente do superior, não podendo realizar obras que embaracem o seu fluxo; porém a condição natural e anterior do prédio inferior não pode ser agravada por obras feitas pelo dono ou possuidor do prédio superior.

Art. 1.289. Quando as águas, artificialmente levadas ao prédio superior, ou aí colhidas, correrem dele para o inferior, poderá o dono deste reclamar que se desviem, ou se lhe indenize o prejuízo que sofrer.

Parágrafo único. Da indenização será deduzido o valor do benefício obtido.

Art. 1.290. O proprietário de nascente, ou do solo onde caem águas pluviais, satisfeitas as necessidades de seu consumo, não pode impedir, ou desviar o curso natural das águas remanescentes pelos prédios inferiores.

Art. 1.291. O possuidor do imóvel superior não poderá poluir as águas indispensáveis às primeiras necessidades da vida dos possuidores dos imóveis inferiores; as demais, que poluir, deverá recuperar, ressarcindo os danos que estes sofrerem, se não for possível a recuperação ou o desvio do curso artificial das águas.

Art. 1.292. O proprietário tem direito de construir barragens, açudes, ou outras obras para represamento de água em seu prédio; se as águas represadas invadirem prédio alheio, será o seu proprietário indenizado pelo dano sofrido, deduzido o valor do benefício obtido.

Art. 1.293. É permitido a quem quer que seja, mediante prévia indenização aos proprietários prejudicados, construir canais, através de prédios alheios, para receber as águas a que tenha direito, indispensáveis às primeiras necessidades da vida, e, desde que não cause prejuízo considerável à agricultura e à indústria, bem como para o escoamento de águas supérfluas ou acumuladas, ou a drenagem de terrenos.

§ 1º Ao proprietário prejudicado, em tal caso, também assiste direito a ressarcimento pelos danos que de futuro lhe advenham da infiltração ou irrupção das águas, bem como da deterioração das obras destinadas a canalizá-las.

§ 2º O proprietário prejudicado poderá exigir que seja subterrânea a canalização que atravessa áreas edificadas, pátios, hortas, jardins ou quintais.

§ 3º O aqueduto será construído de maneira que cause o menor prejuízo aos proprietários dos imóveis vizinhos, e a expensas do seu dono, a quem incumbem também as despesas de conservação.

Art. 1.294. Aplica-se ao direito de aqueduto o disposto nos arts. 1.286 e 1.287.

Art. 1.295. O aqueduto não impedirá que os proprietários cerquem os imóveis e construam sobre ele, sem prejuízo para a sua segurança e conservação; os proprietários dos imóveis poderão usar das águas do aqueduto para as primeiras necessidades da vida.

Art. 1.296. Havendo no aqueduto águas supérfluas, outros poderão canalizá-las, para os fins previstos no art. 1.293, mediante pagamento de indenização aos proprietários prejudicados e ao dono do aqueduto, de importância equivalente às despesas que então seriam necessárias para a condução das águas até o ponto de derivação.

Parágrafo único. Têm preferência os proprietários dos imóveis atravessados pelo aqueduto. (Brasil, 2002a)

6. **Limites entre prédios vizinhos e direito de tapagem**: os arts. 1.297 e 1.298 dispõem que se trata da distância mínima que a lei estabelece entre prédios vizinhos, a fim de respeitar a privacidade de cada morador:

Art. 1.297. O proprietário tem direito a cercar, murar, valar ou tapar de qualquer modo o seu prédio, urbano ou rural, e pode constranger o seu confinante a proceder com ele à demarcação entre os dois prédios, a aviventar rumos apagados e a renovar marcos destruídos ou arruinados, repartindo-se proporcionalmente entre os interessados as respectivas despesas.

§ 1º Os intervalos, muros, cercas e os tapumes divisórios, tais como sebes vivas, cercas de arame ou de madeira, valas ou banquetas, presumem-se, até prova em contrário, pertencer a ambos os proprietários confinantes, sendo estes obrigados, de conformidade com os costumes da localidade, a concorrer, em partes iguais, para as despesas de sua construção e conservação.

§ 2º As sebes vivas, as árvores, ou plantas quaisquer, que servem de marco divisório, só podem ser cortadas, ou arrancadas, de comum acordo entre proprietários.

§ 3º A construção de tapumes especiais para impedir a passagem de animais de pequeno porte, ou para outro fim, pode ser exigida de quem provocou a necessidade deles, pelo proprietário, que não está obrigado a concorrer para as despesas.

Art. 1.298. Sendo confusos, os limites, em falta de outro meio, se determinarão de conformidade com a posse justa; e, não se achando ela provada, o terreno contestado se dividirá por partes iguais entre os prédios, ou, não sendo possível a divisão cômoda, se adjudicará a um deles, mediante indenização ao outro. (Brasil, 2002a)

7. **Direito de construir:** os arts. 1.299 a 1.313 dispõem sobre regras que são observadas por incorporadoras imobiliárias nas grandes construções:

Art. 1.299. O proprietário pode levantar em seu terreno as construções que lhe aprouver, salvo o direito dos vizinhos e os regulamentos administrativos.

Art. 1.300. O proprietário construirá de maneira que o seu prédio não despeje águas, diretamente, sobre o prédio vizinho.

Art. 1.301. É defeso abrir janelas, ou fazer eirado, terraço ou varanda, a menos de metro e meio do terreno vizinho.

§ 1º As janelas cuja visão não incida sobre a linha divisória, bem como as perpendiculares, não poderão ser abertas a menos de setenta e cinco centímetros.

§ 2º As disposições deste artigo não abrangem as aberturas para luz ou ventilação, não maiores de dez centímetros de largura sobre vinte de comprimento e construídas a mais de dois metros de altura de cada piso.

Art. 1.302. O proprietário pode, no lapso de ano e dia após a conclusão da obra, exigir que se desfaça janela, sacada, terraço ou goteira sobre o seu prédio; escoado o prazo, não poderá, por sua vez, edificar sem atender ao disposto no artigo antecedente, nem impedir, ou dificultar, o escoamento das águas da goteira, com prejuízo para o prédio vizinho.

Parágrafo único. Em se tratando de vãos, ou aberturas para luz, seja qual for a quantidade, altura e disposição, o vizinho poderá, a todo tempo, levantar a sua edificação, ou contramuro, ainda que lhes vede a claridade.

Art. 1.303. Na zona rural, não será permitido levantar edificações a menos de três metros do terreno vizinho.

Art. 1.304. Nas cidades, vilas e povoados cuja edificação estiver adstrita a alinhamento, o dono de um terreno pode nele edificar, madeirando na parede divisória do prédio contíguo, se ela suportar a nova construção; mas terá de embolsar ao vizinho metade do valor da parede e do chão correspondentes.

Art. 1.305. O confinante, que primeiro construir, pode assentar a parede divisória até meia espessura no terreno contíguo, sem perder por isso o direito a haver meio valor dela se o vizinho a travejar, caso em que o primeiro fixará a largura e a profundidade do alicerce.

Parágrafo único. Se a parede divisória pertencer a um dos vizinhos, e não tiver capacidade para ser travejada pelo outro, não poderá este fazer-lhe alicerce ao pé sem prestar caução àquele, pelo risco a que expõe a construção anterior.

Art. 1.306. O condômino da parede-meia pode utilizá-la até ao meio da espessura, não pondo em risco a segurança ou a separação dos dois prédios, e avisando previamente o outro condômino das obras que ali tenciona fazer; não pode sem consentimento do outro, fazer, na parede-meia, armários, ou obras semelhantes, correspondendo a outras, da mesma natureza, já feitas do lado oposto.

Art. 1.307. Qualquer dos confinantes pode altear a parede divisória, se necessário reconstruindo-a, para suportar o alteamento; arcará com todas as despesas, inclusive de conservação, ou com metade, se o vizinho adquirir meação também na parte aumentada.

Art. 1.308. Não é lícito encostar à parede divisória chaminés, fogões, fornos ou quaisquer aparelhos ou depósitos suscetíveis de produzir infiltrações ou interferências prejudiciais ao vizinho.

Parágrafo único. A disposição anterior não abrange as chaminés ordinárias e os fogões de cozinha.

Art. 1.309. São proibidas construções capazes de poluir, ou inutilizar, para uso ordinário, a água do poço, ou nascente alheia, a elas preexistentes.

Art. 1.310. Não é permitido fazer escavações ou quaisquer obras que tirem ao poço ou à nascente de outrem a água indispensável às suas necessidades normais.

Art. 1.311. Não é permitida a execução de qualquer obra ou serviço suscetível de provocar desmoronamento ou deslocação de terra, ou que comprometa a segurança do prédio vizinho, senão após haverem sido feitas as obras acautelatórias.

Parágrafo único. O proprietário do prédio vizinho tem direito a ressarcimento pelos prejuízos que sofrer, não obstante haverem sido realizadas as obras acautelatórias.

Art. 1.312. Todo aquele que violar as proibições estabelecidas nesta Seção é obrigado a demolir as construções feitas, respondendo por perdas e danos.

Art. 1.313. O proprietário ou ocupante do imóvel é obrigado a tolerar que o vizinho entre no prédio, mediante prévio aviso, para:

I – dele temporariamente usar, quando indispensável à reparação, construção, reconstrução ou limpeza de sua casa ou do muro divisório;

II – apoderar-se de coisas suas, inclusive animais que aí se encontrem casualmente.

§ 1º O disposto neste artigo aplica-se aos casos de limpeza ou reparação de esgotos, goteiras, aparelhos higiênicos, poços e nascentes e ao aparo de cerca viva.

§ 2º Na hipótese do inciso II, uma vez entregues as coisas buscadas pelo vizinho, poderá ser impedida a sua entrada no imóvel.

§ 3º Se do exercício do direito assegurado neste artigo provier dano, terá o prejudicado direito a ressarcimento. (Brasil, 2002a)

As situações especiais sobre o direito de vizinhança foram sistematizadas pelo legislador civilista sob a égide do Código Civil de 1916, quando o cenário habitacional brasileiro ainda prevalecia em áreas rurais. Em 2002, o legislador optou por reproduzir tais situações no atual Código Civil, embora muitas delas em desuso. O que não as torna menos importante, pois ainda, com frequência, são temas cobrados em provas de concursos públicos.

— 3.2 —

Direito condominial

O estudo da temática condominial é de extrema importância no ordenamento jurídico brasileiro atual em razão da realidade urbanística na qual estamos inseridos, ressignificando o binômio espaço *versus* utilidade. Vale dizer: passamos a valorizar a concretização da moradia em sistemas condominiais, verticais ou horizontais.

Com a inserção de novas modalidades de condomínio no Código Civil, pela Lei n. 13.465, de 11 de julho de 2017 (Brasil, 2017), podemos perceber o quão esse tema ganhou destaque tanto na legislação quanto na vida em sociedade.

A palavra *condomínio* tem origem no termo latino *condominium*, da junção dos termos *com* – que significa "junto" – e *dominium* – que significa "poder". Ou seja, poderes exercidos conjuntamente. Portanto, há um condomínio quando duas ou mais pessoas encontram-se em situação de copropriedade, isto é, quando são proprietárias de um mesmo bem ao mesmo tempo e, por isso, todas elas exercem os atributos da propriedade sobre o bem.

Apenas para exemplificarmos o conceito, uma vez que o tema será tratado mais adiante, podemos vislumbrar algumas situações comuns de copropriedade. Quando uma pessoa falece e deixa apenas um bem para três herdeiros, após a partilha dos bens, os herdeiros permanecerão em situação de condôminos. Outro exemplo é quando duas pessoas decidem adquirir um imóvel conjuntamente, isto é, elas serão condôminas ou coproprietárias do bem. Por fim, mais um exemplo é quando duas pessoas casadas no regime de comunhão parcial de bens adquirem um imóvel onerosamente na constância do casamento. Se esse casal decide se divorciar, após a partilha de bens, estarão em situação condominial.

Ressaltamos que, na constância do casamento, eles estão em situação de mancomunhão[1] dos bens, não de condôminos, o que só ocorrerá em caso de divórcio com partilha de bens.

Algumas situações condominiais decorrem da lei e outras da vontade do legislador. Assim, vamos conhecer as espécies de condomínios especificadas no Código Civil e seus respectivos conceitos.

— 3.2.1 —
Espécies

O condomínio pode ser incluído em uma destas cinco categorias: (1) condomínio tradicional, subdividido em condomínio voluntário, ou convencional, condomínio incidental, ou eventual, e condomínio necessário ou forçado; (2) condomínio de lotes; (3) condomínio urbano simples; (4) condomínio edilício; (5) condomínio em multipropriedade.

---

1 A palavra *mancomunhão* deriva do direito romano e significa "sistema de uma única mão", ou "mão comum". Quando duas pessoas constituíam uma vida conjugal, elas compartilhavam, sobretudo, os respectivos patrimônios, tornando-os um único acervo patrimonial. Assim, na constância do casamento ou da união estável, os cônjuges ou companheiros encontram-se em situação de "mão única" em relação aos bens do casal. Em caso de divórcio, por exemplo, após a efetiva partilha, os ex-cônjuges encontram-se em situação condominial em relação aos mesmos bens.

Condomínio tradicional

O condomínio tradicional é oriundo das relações condominiais mais antigas e já previsto no ordenamento jurídico brasileiro desde 1916, quando entrou em vigor nosso primeiro Código Civil. Pode ser classificado em três subespécies, que analisaremos a seguir.

O condomínio voluntário, também denominado *condomínio convencional*, decorre da vontade dos condôminos, expressão do princípio da autonomia privada. Podemos citar, como exemplo, duas pessoas que, de maneira deliberada, decidem adquirir conjuntamente um bem, permanecendo como suas coproprietárias. Já o condomínio incidental, ou eventual, decorre de motivo alheio à vontade dos condôminos, mas sim por força de uma situação decorrente da realidade das partes. Por exemplo, três pessoas que recebem um bem de herança, permanecendo cada qual com sua fração ideal. A terceira situação é a do condomínio necessário, ou forçado, quando a indivisibilidade do bem advém da lei ou da própria natureza do bem.

Condomínio em lotes

Os condomínios em lotes, incluído pela mesma lei do condomínio urbano simples, ganharam regulamentação própria no art. 1.358-A do Código Civil:

Art. 1.358-A. Pode haver, em terrenos, partes designadas de lotes que são propriedade exclusiva e partes que são propriedade comum dos condôminos.

§ 1º A fração ideal de cada condômino poderá ser proporcional à área do solo de cada unidade autônoma, ao respectivo potencial construtivo ou a outros critérios indicados no ato de instituição.

§ 2º Aplica-se, no que couber, ao condomínio de lotes o disposto sobre condomínio edilício neste Capítulo, respeitada a legislação urbanística.

§ 3º Para fins de incorporação imobiliária, a implantação de toda a infraestrutura ficará a cargo do empreendedor. (Brasil, 2002a)

Os condomínios de lotes tornaram-se a juridicidade de uma realidade brasileira. Tal como os condomínios horizontais se apresentam, inclusive por grandes incorporadoras, a pretensão do legislador foi especificar a quota-parte de cada coproprietário e o uso das áreas comuns. O melhor exemplo para essa espécie condominial são os condomínios de casas de alto padrão, muito frequentes em centros urbanos, com construções de diversas casas, devidamente separadas, no mesmo terreno.

Condomínio urbano simples

O condomínio urbano simples foi inserido no ordenamento jurídico pela Lei n. 13.465/2017.

O parágrafo único do art. 61 da referida lei determinou, entretanto, que a essa modalidade condominial fossem aplicados subsidiariamente os arts. 1.331 a 1358 do Código Civil, a respeito do condomínio edilício.

Vejamos a redação do art. 61 da Lei n. 13.465/2017:

> Art. 61. Quando um mesmo imóvel contiver construções de casas ou cômodos, poderá ser instituído, inclusive para fins de Reurb, condomínio urbano simples, respeitados os parâmetros urbanísticos locais, e serão discriminadas, na matrícula, a parte do terreno ocupada pelas edificações, as partes de utilização exclusiva e as áreas que constituem passagem para as vias públicas ou para as unidades entre si. (Brasil, 2017)

Portanto, a determinação legal cujo conteúdo submete a aplicação às regras do condomínio edilício se justifica, uma vez que o condomínio urbano simples, após o processo de regularização, inclusive pela Regularização Fundiária Urbana (Reurb), passa a ser subdivido em diversas áreas com matrícula própria, como acontece com os condomínios edilícios, verticais ou horizontais, por isso não há necessidade de nova regulamentação, visto que as regras pertinentes ao condomínio edilício já o fazem com clareza.

Assim, apesar das semelhanças, a principal distinção entre condomínios urbanos simples e condomínios edilícios decorre de seu processo inicial de regularização. Os condomínios edilícios já "nascem" subdivididos em matrículas com especificação de áreas comuns e exclusivas. Os condomínios urbanos simples "nascem" do condomínio de lotes, que, após processo de regularização, passam a ser individualizados por suas matrículas e, em seguida, aplicadas às regras pertinentes ao condomínio edilício.

Condomínio edilício

Podemos conceituar *condomínios edilícios* como condomínios verticais ou horizontais ou, também, de modelo híbrido, uma vez que a utilização da fração ideal[2] de cada condômino é exclusiva sua, com todos os atributos inerentes à propriedade, bem como a utilização comum de determinadas áreas, como as de lazer, *hall* de entrada, academia etc.

Muito comum nos grandes centros urbanos brasileiros, sobretudo nas grandes cidades, esse modelo de moradia surgiu na Europa a partir de seu processo de urbanização e para melhor aproveitamento do solo/espaço.

No Brasil, o crescimento das construções edilícias ocorreu com o acelerado processo de urbanização dos polos urbanos, em especial na década de 1950, para reduzir o déficit habitacional.

Em razão de sua complexidade, essa modalidade foi cautelosamente estruturada pelo legislador nos arts. 1.331 a 1.358, com mudanças feitas pela Lei n. 10.931, de 2 de agosto de 2004 (Brasil, 2004), e pela Lei n. 13.465/2017. Alguns novos entendimentos

---

2 A fração ideal é calculada com base na parte integral do bem dividida pelo número de condôminos.

jurisprudenciais e enunciados das jornadas de direito civil tratam de questões relevantes e polêmicas sobre os limites e possibilidades das convenções de condomínio e o exercício da autonomia privada dos condôminos para dispor sobre o uso das áreas comuns e áreas privadas.

Regulamento e personalidade jurídica

Os condomínios edilícios são constituídos por documentação própria, como convenção de condomínio e regimento interno, que caracterizam o pleno exercício da autonomia privada dos condôminos ao estabelecer os limites e as possibilidades do uso das áreas comuns e até particulares. Trata-se, portanto, de um questionamento importante a ser abordado.

Em razão do emaranhando de situações criadas pelos condomínios edilícios, grande discussão sobre esse tema considera se teria ou não personalidade jurídica própria.

Embora os Enunciados n. 246 e n. 596[3], respectivamente da III e da VII Jornadas de Direito Civil, alguns tribunais brasileiros e a doutrina atribuam personalidade jurídica aos condomínios edilícios, a discussão ainda persiste. Alguns julgados reconhecem a possibilidade de o condomínio edilício figurar em relações jurídicas negociais, como nos contratos de compra e venda.

Do ponto de vista administrativo, é possível que o condomínio edilício tenha Cadastro Nacional da Pessoa Jurídica (CNPJ).

---

3   Enunciado n. 246, da III Jornada de Direito Civil: "Deve ser reconhecida personalidade jurídica ao condomínio edilícios" (Brasil, 2005b, p. 67). Enunciado n. 596, da VII Jornada de Direito Civil: "O condomínio edilício pode adquirir imóvel por usucapião" (Brasil, 2015c, p. 30).

Nesse cenário, podemos afirmar que caminhamos firmemente para reconhecer a personalidade jurídica do condomínio edilício, considerando também que o rol do art. 44 do Código Civil seria exemplificativo. Atualmente, tramita no Congresso o Projeto de Lei n. 3.461 de 2019, cujo objetivo é atribuir personalidade jurídica aos condomínios edilícios (Brasil, 2019b).

Administração

A administração do condomínio será gerida pelo síndico eleito pela assembleia, por prazo não superior a dois anos, e poderá renovar-se.

As competências estão previstas no art. 1.348 do Código Civil:

> Art. 1.348. Compete ao síndico:
>
> I – convocar a assembleia dos condôminos;
>
> II – representar, ativa e passivamente, o condomínio, praticando, em juízo ou fora dele, os atos necessários à defesa dos interesses comuns;
>
> III – dar imediato conhecimento à assembleia da existência de procedimento judicial ou administrativo, de interesse do condomínio;
>
> IV – cumprir e fazer cumprir a convenção, o regimento interno e as determinações da assembleia;
>
> V – diligenciar a conservação e a guarda das partes comuns e zelar pela prestação dos serviços que interessem aos possuidores;

VI – elaborar o orçamento da receita e da despesa relativa a cada ano;

VII – cobrar dos condôminos as suas contribuições, bem como impor e cobrar as multas devidas;

VIII – prestar contas à assembleia, anualmente e quando exigidas;

IX – realizar o seguro da edificação.

§ 1º Poderá a assembleia investir outra pessoa, em lugar do síndico, em poderes de representação.

§ 2º O síndico pode transferir a outrem, total ou parcialmente, os poderes de representação ou as funções administrativas, mediante aprovação da assembleia, salvo disposição em contrário da convenção. (Brasil, 2002a)

A função de síndico tem se mostrado um novo nicho de atuação profissional bastante atrativo para os operadores do direito. Embora, para exercício do cargo, não se exija o bacharelado em Direito, salta-nos aos olhos que esses conhecimentos são adquiridos especialmente e de modo mais aprofundado por esses profissionais.

Contudo, outras habilidades são importantes, como comunicação assertiva, empatia, noções de mediação condominial, habilidades que podem ser adquiridas por quem deseja atuar nesse ramo.

Extinção do condomínio edilícios

O Código Civil, nos arts. 1.357 e 1.358, dispõe que o condomínio edilício poderá ser extinto de duas formas: uma, em razão da natureza estrutural do local; outra, por deliberação dos condôminos, por meio de assembleia própria.

> Art. 1.357. Se a edificação for total ou consideravelmente destruída, ou ameace ruína, os condôminos deliberarão em assembleia sobre a reconstrução, ou venda, por votos que representem metade mais uma das frações ideais.
>
> § 1º Deliberada a reconstrução, poderá o condômino eximir-se do pagamento das despesas respectivas, alienando os seus direitos a outros condôminos, mediante avaliação judicial.
>
> § 2º Realizada a venda, em que se preferirá, em condições iguais de oferta, o condômino ao estranho, será repartido o apurado entre os condôminos, proporcionalmente ao valor das suas unidades imobiliárias.
>
> Art. 1.358. Se ocorrer desapropriação, a indenização será repartida na proporção a que se refere o § 2 o do artigo antecedente. (Brasil, 2002a)

Devemos atentar ao fato de que, em julho de 2022, foi promulgada a Lei n. 14.405, que, embora não disponha diretamente sobre extinção dos condomínios edilícios, alterou o quórum para mudança da finalidade do edifício: antes era exigida a unanimidade dos condôminos, agora o quórum exigido é de 2/3 deles. Portanto, caso um edifício tenha finalidade exclusivamente residencial e surja o desejo de alterar a convenção para permitir uso comercial conjuntamente, a legislação flexibilizou e, consequentemente, facilitou a deliberação.

Condomínio em multipropriedade

O condomínio em multipropriedade surgiu na Europa, na década de 1960, em um cenário de crise econômica, especialmente nos setores turístico e imobiliário.

Na década de 1970, nos Estados Unidos, a empresa Caribbean International Coporation, atuante no mercado de multipropriedade turística, iniciou a ideia de compartilhamento de tempo com o objetivo de fomentar e otimizar o mercado voltado para esse ramo. Anos depois, a ideia de propriedade compartilhada foi elaborada por Richard Santuilli, que criou o conceito *fractional owership* para que pessoas físicas e/ou jurídicas pudessem adquirir aeronaves em frações de tempo.

No Brasil, o estudo da multipropriedade pode ser dividido em três momentos diferentes: (1) doutrina, (2) legislação e (3) jurisprudência.

Com relação aos aspectos doutrinários da multipropriedade, em 1993, o professor Gustavo Tepedino defendeu a construção jurídica da multipropriedade, com base em seus contornos e em sua relevância no mercado imobiliário, bem como da defesa do exercício da autonomia privada e de sua funcionalização (Tepedino, 1993).

Na construção legislativa, a Deliberação Normativa n. 378 de 1997 do Ministério do Turismo implementou o sistema de tempo compartilhado em meios de hospedagem de turismo. Em 2010, o Decreto Federal n. 7.381 regulamentou a Política Nacional de Turismo (Lei 11.771/2008) e deu uma definição para o sistema de *timesharing*, ou tempo compartilhado, em seu art. 28. E, finalmente, a Lei n. 13.777, de 20 de dezembro de 2018, regulamentou formalmente o sistema de multipropriedade no Brasil e acresceu os arts. 1.358-B a 1.358-U ao Código Civil.

No campo jurisprudencial, em 2016, o Superior Tribunal de Justiça por meio do Resp n. 1.546.165/SP, de relatoria dos Ministros Ricardo Villas Boas Cueva e João Otávio de Noronha (3ª Turma), decidiu, pela primeira vez, sobre o tema reconhecendo a multipropriedade e emprestando-lhe natureza jurídica de direito real (Brasil, 2016).

O que efetivamente significa multipropriedade? Os termos em inglês, *time-sharing*; em italiano, *multiproprietá*; em francês, *droit de jouissance à temps partagé*; e, em português de Portugal, *direito real de habitação periódico* deram origem ao termo no Brasil *multipropriedade*, ou *propriedade compartilhada*. Multipropriedade é forma de exercício do direito de propriedade no qual seus atributos (usar e gozar) são utilizados pelos multiproprietários, conforme fração de tempo constante no cartório de registro de imóveis.

Os condomínios em multipropriedade, conforme leciona Gustavo Tepedino (1993, p. 32) é a "relação jurídica que traduz o aproveitamento econômico de uma coisa móvel ou imóvel, em unidades fixas de tempo, visando à utilização exclusiva do seu titular, cada qual a seu turno, ao longo das frações temporais que se sucedem".

Importante lembrar que a regulamentação brasileira aplica a disciplina da multipropriedade apenas para bens imóveis, fechando os olhos para uma realidade que também podemos observar na prática, quais sejam: situações múltiplas para lanchas, *jet skis* e carros de modelos alto padrão.

Os condomínios em multipropriedade podem ser simples, em condomínio edilício, ou mistos, e ambos podem ser constituídos por ato *inter vivos* ou *causa mortis*, nos termos dos arts. 1.358-F, G e H do Código Civil, devendo ser feito o registro no competente cartório de registro de imóveis, a fim de constar a duração dos períodos correspondentes a cada fração de tempo. Inclusive, isso é muito comum como objeto de uso nos planejamentos sucessórios.

Sobre a fração de tempo adquirida, a lei estabelece um período mínimo de sete dias. Assim, considerando que o ano tem 365 dias, se dividido por 7, apenas um imóvel pode chegar ao número de 52 multiproprietários.

O período pode ser determinado de três maneiras: (1) fixa, por exemplo, um proprietário tem direito ao imóvel no período de janeiro a junho de todos os anos e, em outro, de julho a dezembro de todos os anos; (2) flutuante, por exemplo, um proprietário pode usar no período de janeiro a junho dos anos ímpares e, em outro, de janeiro a junho dos anos pares; ou (3) misto, que seria a junção de fixa e flutuante.

Entre as características multiproprietárias, podemos citar:

- Direito de preferência para aquisição do "tempo": diferentemente do que estamos acostumados a ver nos sistemas condominiais, nos condomínios em multipropriedade, não há direito de preferência legal, apenas convencional, conforme art. 1.358-L, parágrafo 1º: "Não haverá direito de preferência na alienação de fração de tempo, salvo se estabelecido no instrumento de instituição ou na convenção do condomínio em multipropriedade em favor dos demais multiproprietários ou do instituidor do condomínio em multipropriedade" (Brasil, 2002a).

- Convenções de condomínio em multipropriedade: conforme disposto no art. 1.358-G, que determina os atos que podem constar na convenção de condomínio em multipropriedade, o instrumento estabelece os limites e as possibilidades das convenções de condomínios multiproprietários, tema também polêmico nas convenções de condomínios edilícios.

- O condomínio em multipropriedade em condomínio edilício deve ser autorizado na convenção do condomínio edilício e deverá ter suas regras subordinadas e compatibilizadas com esse instrumento.

Com relação aos direitos e deveres, assim estabelece o Código Civil:

Art. 1.358-I. São direitos dos multiproprietários, além daqueles previstos no instrumento de instituição e na convenção de condomínio em multipropriedade:

I – usar e gozar, durante o período correspondente à sua fração de tempo, do imóvel e de suas instalações, equipamentos e mobiliário,

II – ceder a fração de tempo em locação ou comodato,

III – alienar a fração de tempo, por ato entre vivos ou por causa de morte, a título oneroso ou gratuito, ou onerá-la, devendo a alienação e a qualificação do sucessor, ou a oneração, ser informadas ao administrador,

IV – participar e votar, pessoalmente ou por intermédio de representante ou procurador, desde que esteja quite com as obrigações condominiais, em:

a) assembleia geral do condomínio em multipropriedade, e o voto do multiproprietário corresponderá à quota de sua fração de tempo no imóvel;

b) assembleia geral do condomínio edilício, quando for o caso, e o voto do multiproprietário corresponderá à quota de sua fração de tempo em relação à quota de poder político atribuído à unidade autônoma na respectiva convenção de condomínio edilício.

Art. 1.358-J. São obrigações do multiproprietário, além daquelas previstas no instrumento de instituição e na convenção de condomínio em multipropriedade:

pagar a contribuição condominial do condomínio em multipropriedade e, quando for o caso, do condomínio edilício, ainda que renuncie ao uso e gozo, total ou parcial, do imóvel, das áreas comuns ou das respectivas instalações, equipamentos e mobiliário:

responder por danos causados ao imóvel, às instalações, aos equipamentos e ao mobiliário por si, por qualquer de seus acompanhantes, convidados ou prepostos ou por pessoas por ele autorizadas;

III – comunicar imediatamente ao administrador os defeitos, avarias e vícios no imóvel dos quais tiver ciência durante a utilização;

IV – não modificar, alterar ou substituir o mobiliário, os equipamentos e as instalações do imóvel;

V – manter o imóvel em estado de conservação e limpeza condizente com os fins a que se destina e com a natureza da respectiva construção;

VI – usar o imóvel, bem como suas instalações, equipamentos e mobiliário, conforme seu destino e natureza;

VII – usar o imóvel exclusivamente durante o período correspondente à sua fração de tempo;

VIII – desocupar o imóvel, impreterivelmente, até o dia e hora fixados no instrumento de instituição ou na convenção de condomínio em multipropriedade, sob pena de multa diária, conforme convencionado no instrumento pertinente;

IX – permitir a realização de obras ou reparos urgentes.

§ 1º Conforme previsão que deverá constar da respectiva convenção de condomínio em multipropriedade, o multiproprietário estará sujeito a:

I – multa, no caso de descumprimento de qualquer de seus deveres;

IImulta progressiva e perda temporária do direito de utilização do imóvel no período correspondente à sua fração de tempo, no caso de descumprimento reiterado de deveres.

§ 2º A responsabilidade pelas despesas referentes a reparos no imóvel, bem como suas instalações, equipamentos e mobiliário, será:

I – de todos os multiproprietários, quando decorrentes do uso normal e do desgaste natural do imóvel;

II – exclusivamente do multiproprietário responsável pelo uso anormal, sem prejuízo de multa, quando decorrentes de uso anormal do imóvel. (Brasil, 2002a)

Outras questões importantes permeiam o tema da multipropriedade, mas não podemos negar o fato de a economia atual estar inserida na era do compartilhamento, tanto de bens móveis quanto de imóveis, especialmente bens digitais. Todos os operadores do direito devem estar preparados para lidar com a nova realidade que se aproxima no mundo imobiliário.

Capítulo 4

*Usufruto, uso e direito
real de habitação*

Quando o proprietário está no exercício pleno, ou, ao menos, na possibilidade do exercício de um dos poderes inerentes à propriedade (usar, gozar, dispor e reaver), afirmamos que ele está com a chamada *propriedade plena*. Contudo, quando o proprietário cede um de seus atributos e permanece com outros, dizemos que sua propriedade será *limitada*. Isso ocorre com os chamados *direitos reais de gozo e/ou fruição*, como no caso de usufruto, de uso e de direito real de habitação. Nesses casos, ocorrerá o desmembramento dos poderes proprietários. Assim, o proprietário permanecerá com o poder de dispor e reaver o bem, enquanto o usufrutuário, o usuário e o titular do direito real de habitação permanecerão com o direito de uso e/ou gozo.

Nesse caso, dizemos que a propriedade é limitada por força de natureza real porque usufruto, uso e direitos reais de habitação são direitos reais elencados no art. 1.225 do Código Civil.

Ao nos depararmos com o teor do art. 1.225 do Código Civil, encontramos o esquema apresentado na Figura 4.1[1]:

---

1 Existe uma discussão doutrinária sobre a natureza jurídica do direito real de laje, isto é, se ele seria direito real sobre coisa própria ou direito real sobre coisa alheia. A discussão e seus fundamentos serão aprofundados no próximo capítulo.

Figura 4.1 – Classificação dos direitos reais

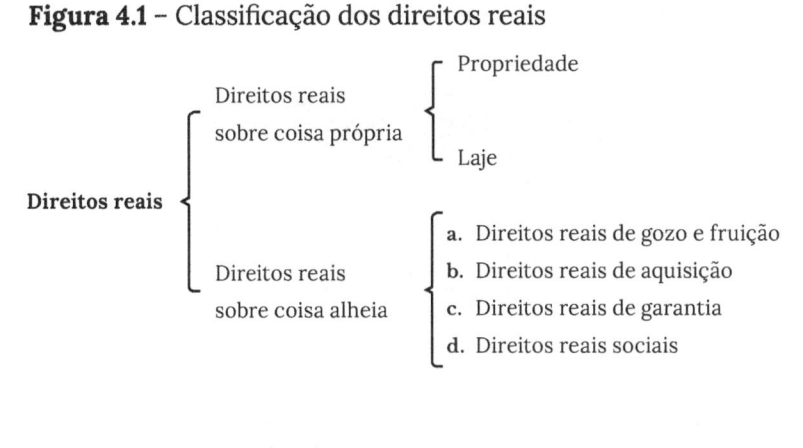

```
                  ┌ Direitos reais      ┌ Propriedade
                  │ sobre coisa própria ┤
                  │                     └ Laje
Direitos reais ───┤
                  │                     ┌ a. Direitos reais de gozo e fruição
                  │ Direitos reais      │ b. Direitos reais de aquisição
                  └ sobre coisa alheia ─┤ c. Direitos reais de garantia
                                        └ d. Direitos reais sociais
```

— 4.1 —
Distinção entre usufruto, uso e direito real de habitação

É sabido que a linha que separa o usufruto, o uso e o direito real de habitação é tênue em algumas situações porque, nos três casos, estamos diante de direitos reais de gozo e fruição. O que realmente distingue cada uma dessas categorias de direitos reais é o atributo transferido pelo proprietário ao titular para configuração de uma das modalidades de direitos reais.

Vejamos o esquema ilustrado na Figura 4.2, a seguir.

Figura 4.2 – Poderes conferidos aos titulares: usufruturário/ usuário/titular do direito real de habitação

[Diagrama: três elipses concêntricas rotuladas, da maior para a menor: Usufruto, Uso, Direito real de habitação]

O esquema representa a abrangência dos direitos de cada um e, com base nele, podemos chegar às seguintes conclusões:

1. O usufruto abrange o direito real de uso e o direito real de habitação, ou seja, o usufrutuário poderá fazer no bem tudo aquilo que o usuário e o titular do direito real de habitação podem fazer.
2. O titular do direito real de uso pode dar ao bem a destinação própria de sua titularidade, mas poderá também fazer o que o titular do direito real de habitação pode fazer. Contudo, não lhe cabem as prerrogativas do usufrutuário.
3. O titular do direito real de habitação é, entre eles, aquele com as prerrogativas mais restritas, pois lhe cabe apenas o que sua titularidade lhe garante.

E quais seriam as prerrogativas concedidas para cada um deles? Se resumíssemos seus direitos em apenas um substantivo, eles seriam os seguintes:

Quadro 4.1 – Funcionalidades dos institutos

Usufruto	Uso	Direito real de habitação
Exploração	Subsistência	Moradia

Nas próximas seções, apresentaremos cada um desses direitos.

— 4.2 —
Usufruto

O usufruto é um dos direitos reais de gozo e fruição mais amplos previsto no Código Civil. Disposto nos arts. 1.390 a 1.411 do *codex*, ele está dividido em quatro subtópicos: (1) disposições gerais: em que o legislador apresenta o instituto para a sociedade, dispondo sobre seu objeto; (2) direito do usufrutuário: em que está a previsão dos atos permitidos e do exercício do respectivo direito real; (3) deveres do usufrutuário: em que está a previsão dos atos que limitam o usufrutuário e o condicionam ao cumprimento de uma função, econômica ou social; (4) extinção do usufruto: em que são elencadas as causas que encerram o instituto.

O referido direito real também reaparece no art. 1.689 do Código Civil, no Livro IV – Direito de Família, para determinar que os pais, no exercício da autoridade parental, são usufrutuários dos bens dos filhos menores. Entretanto, os parâmetros e limites desse controle são objeto de dúvidas que ainda persistem na doutrina. Um tema ainda a ser pesquisado e debatido.

O direito real de usufruto permite ampla utilização, como em processos de divórcio e de planejamento sucessório ou, ainda, como forma de organização societária por meio de instituição de usufruto em cotas empresariais. Ele também pode ser escolhido no planejamento patrimonial inter vivos, em razão do art. 548 do Código Civil, que impossibilita a doação da totalidade do patrimônio do proprietário, a chamada *doação universal*: "É nula a doação de todos os bens sem reserva de parte, ou renda suficiente para a subsistência do doador" (Brasil, 2002a). Com a utilização do usufruto, o proprietário, poderá doar todo seu patrimônio, e sobre tal doação não recairá essa nulidade, pois, reservando-lhe o usufruto, permanecerá com a exploração econômica do bem.

Vejamos o entendimento do Superior Tribunal de Justiça no REsp n. 1.183.133/RJ, julgado em 17 de novembro de 2015, com relatoria do Ministro Luís Felipe Salomão:

> RECURSO ESPECIAL. AÇÃO DECLARATÓRIA DE NULIDADE DE NEGÓCIO JURÍDICO. ART. 548 DO CC. RENÚNCIA DO CÔNJUGE VIRAGO À INTEGRALIDADE DE SUA MEAÇÃO NA SEPARAÇÃO CONSENSUAL DO CASAL. ACORDO HOMOLOGADO POR SENTENÇA TRANSITADA EM JULGADO. CARACTERIZAÇÃO DE DOAÇÃO. NULIDADE DO NEGÓCIO JURÍDICO. INOCORRÊNCIA. DOADORA COM RENDA SUFICIENTE PARA PRESERVAR PATRIMÔNIO MÍNIMO À SUA SUBSISTÊNCIA.
>
> 1. O art. 548 do Código Civil estabelece ser nula a doação de todos os bens sem reserva de parte, ou renda suficiente para a subsistência do doador. A ratio da norma em comento,

ao prever a nulidade da doação universal, foi a de garantir à pessoa o direito a um patrimônio mínimo, impedindo que se reduza sua situação financeira à miserabilidade. Nessa linha, acabou por mitigar, de alguma forma, a autonomia privada e o direito à livre disposição da propriedade, em exteriorização da preservação de um mínimo existencial à dignidade humana do benfeitor, um dos pilares da Carta da República e chave hermenêutica para leitura interpretativa de qualquer norma.

2. **É possível a doação da totalidade do patrimônio pelo doador, desde que remanesça uma fonte de renda ou reserva de usufruto, ou mesmo bens a seu favor, que preserve um patrimônio mínimo à sua subsistência (CC, art. 548).** Não se pode olvidar, ainda, que a aferição da situação econômica do doador deve ser considerada no momento da liberalidade, não sendo relevante, para esse efeito, o empobrecimento posterior do doador.

3. Assim, na situação em concreto é que se poderá aferir se a doação universal (omnium bonorum) deixou realmente o doador sem a mínima disponibilidade patrimonial para sua sobrevivência.

4. Na hipótese, a pretensão não merece prosperar, tomando-se em conta os limites do recurso especial e o somatório das seguintes circunstâncias do caso em concreto: i) reconhecimento da suficiência de fonte de renda à época apta a manter condições mínimas de sobrevivência digna; ii) não ter sido comprovado que a recorrente voltou a residir no imóvel objeto do litígio em razão de sua miserabilidade; iii) o lapso temporal do pedido de nulidade da doação – quase 20 anos após –, o que enfraquece o argumento de estar vivendo por

tanto tempo em situação indigna; e iv) o fato de que a separação foi homologada em juízo, sob a fiscalização do representante do Ministério Público.

5. No tocante à doação inoficiosa, como sabido, há nulidade em relação ao quantum da deixa quando se exceder aquilo que poderia ser disposto em testamento (CC, art. 549). No presente caso, o Tribunal de origem chegou à conclusão de que a recorrente não trouxe provas de que o imóvel doado ao cônjuge varão excedia a parte a que a doadora, no momento da liberalidade, poderia dispor em testamento. Entender de forma diversa demandaria o revolvimento fático-probatório dos autos, o que encontra óbice na Súm. 7 do STJ.

6. Recurso especial não provido. (Brasil, 2016, grifo nosso)

A proteção que justifica o conteúdo do art. 548 do Código Civil fundamenta-se na teoria do patrimônio mínimo, segundo a qual devemos resguardar um patrimônio suficiente para que possamos respeitar uma vida digna, ou seja, caso o proprietário celebre contrato de doação dispondo da totalidade do seu patrimônio, ele será considerado nulo por não proteger o mínimo necessário para que qualquer pessoa possa viver com dignidade.[12]

---

2 Sobre o tema, recomendamos a obra de Luiz Edson Fachin, doutrinador e ministro do Supremo Tribunal Federal: *Estatuto jurídico do patrimônio mínimo: à luz do novo código civil brasileiro e da constituição federal* (Fachin 2006), a qual consideramos leitura extremamente importante para esta disciplina.

— 4.2.1 —
Conceito e características

A origem do usufruto está no direito romano, e sua instituição tem profunda relação com o direito de família, cuja natureza, naquela época, era estritamente patrimonial, com o aproveitamento econômico do bem.

> Acredita-se, em doutrina, que o usufruto surgiu por obra da jurisprudência, no Direito Romano, na época republicana, entre o final do século III e o começo do século II a.C. Profundas mutações ocorreram, naquele período na economia e nos costumes da sociedade, em decorrência da expansão romana no Mediterrâneo. Tornou-se mais frequente o casamento não acompanhado da *conventio in manum*, pela qual, ingressando a mulher na família do marido, se tornava sua herdeira. Com o progressivo abandono da *convetion in manum*, encontrava-se a mulher desprotegida na viuvez, reduzida muitas vezes à miséria. Surgiu, assim, o usufruto como mecanismo para garantir a subsistência da mulher, após a morte do marido. Este, sem prejuízo de devolver a sucessão patrimonial de seus bens para sua respectiva prole, assegurada à mulher o aproveitamento econômico de certo patrimônio, de modo a prover-lhe o sustento. (Tepedino; Monteiro Filho; Renteria, 2021, p. 338)

Portanto, não desvinculando o introito do tema com sua função atual, podemos conceituar *usufruto* como o direito real de gozo e fruição que concede ao seu titular, o usufrutuário, a prerrogativa de explorar o bem, seja pela sua utilização econômica, seja pelo seu proveito pessoal ou social. A relação jurídica de natureza real ocorre entre o usufrutuário e o proprietário do bem, que, por ato de liberalidade, ou seja, por meio do exercício de sua autonomia privada, **em regra**, transfere ao usufrutuário seu bem móvel ou imóvel, para que este possa utilizá-lo no todo ou em parte, retirando os frutos e as utilidades da coisa.

Assim, nos termos do art. 1.390: "O usufruto pode recair em um ou mais bens, móveis ou imóveis, em um patrimônio inteiro, ou parte deste, abrangendo-lhe, no todo ou em parte, os frutos e utilidades" (Brasil, 2002a).

— 4.2.2 —
Constituição do usufruto

Pela leitura do art. 1.391, "O usufruto de imóveis, quando não resulte de usucapião, constituir-se-á mediante registro no Cartório de Registro de Imóveis" (Brasil, 2002a), podemos concluir que a constituição do usufruto pode formalizar-se por ato inter vivos ou causa *mortis*, por força da lei ou pelo decurso do tempo.

Primeiramente, devemos lembrar que sua aquisição por ato *inter vivos* seguirá as regras já conhecidas dos arts. 1.226 e 1.227, que são válidas para todos os direitos reais, não apenas para a propriedade. Assim, o usufruto instituído sobre bens móveis se constitui pela tradição, e o usufruto sobre bens imóveis se constitui pelo registro, nos termos do art. 108 do Código Civil.

Por ato *causa mortis*, o usufrutuário poderá ser contemplado em testamento, de acordo com a vontade do proprietário.

O usufruto pode ser constituído pelo decurso do tempo por meio da aplicação do instituto da usucapião. Nesse caso, devemos aplicar, por analogia, os prazos da usucapião da servidão, quais sejam: 10 anos, se a posse for exercida de boa-fé, e 20 anos no caso de má-fé.

Por fim, o usufruto pode decorrer também de determinação legal, como o que estabelecem o art. 1.652, inciso I, do Código Civil, "O cônjuge que estiver na posse dos bens particulares do outro será para com este e seus herdeiros responsável: I – como usufrutuário, se o rendimento for comum" (Brasil, 2002a), e o art. 231, parágrafo 2º, da Constituição Federal: "As terras tradicionalmente ocupadas pelos índios destinam-se a sua posse permanente, cabendo-lhes o usufruto exclusivo das riquezas do solo, dos rios e dos lagos nelas existentes" (Brasil, 1988).

Ressaltamos a importância da regra disposta no art. 1.393: "Não se pode transferir o usufruto por alienação; mas o seu exercício pode ceder-se por título gratuito ou oneroso" (Brasil, 2002a). Em outras palavras, o usufruto é um direito real inalienável, ou seja, ao usufrutuário está vedado o direito de vender o usufruto. Contudo, seu exercício poderá ocorrer a título gratuito ou oneroso. Um exemplo clássico dessa transferência a título gratuito ocorre quando o usufrutuário cede o bem em contrato de comodato, ou a título de locação, para exemplificar sua cessão onerosa[13].

— 4.2.3 —
Direitos e deveres do usufrutuário

Os direitos do usufrutuário estão dispostos nos arts. 1.394 a 1.399 do Código Civil:

> Art. 1.394. O usufrutuário tem direito à posse, uso, administração e percepção dos frutos.
>
> Art. 1.395. Quando o usufruto recai em títulos de crédito, o usufrutuário tem direito a perceber os frutos e a cobrar as respectivas dívidas.
>
> Parágrafo único. Cobradas as dívidas, o usufrutuário aplicará, de imediato, a importância em títulos da mesma natureza, ou em títulos da dívida pública federal, com cláusula de atualização monetária segundo índices oficiais regularmente estabelecidos.

---

3 No caso da cessão do bem pelo usufrutuário em contrato de locação, ressaltamos a regra do art. 7º da Lei n. 8.245, de 18 de outubro de 1991: "Nos casos de extinção de usufruto ou de fideicomisso, a locação celebrada pelo usufrutuário ou fiduciário poderá ser denunciada, com o prazo de trinta dias para a desocupação, salvo se tiver havido aquiescência escrita do nu-proprietário ou do fideicomissário, ou se a propriedade estiver consolidada em mãos do usufrutuário ou do fiduciário. Parágrafo único. A denúncia deverá ser exercitada no prazo de noventa dias contados da extinção do fideicomisso ou da averbação da extinção do usufruto, presumindo – se, após esse prazo, a concordância na manutenção da locação" (Brasil, 1991).

Art. 1.396. Salvo direito adquirido por outrem, o usufrutuário faz seus os frutos naturais, pendentes ao começar o usufruto, sem encargo de pagar as despesas de produção.

Parágrafo único. Os frutos naturais, pendentes ao tempo em que cessa o usufruto, pertencem ao dono, também sem compensação das despesas.

Art. 1.397. As crias dos animais pertencem ao usufrutuário, deduzidas quantas bastem para inteirar as cabeças de gado existentes ao começar o usufruto.

Art. 1.398. Os frutos civis, vencidos na data inicial do usufruto, pertencem ao proprietário, e ao usufrutuário os vencidos na data em que cessa o usufruto.

Art. 1.399. O usufrutuário pode usufruir em pessoa, ou mediante arrendamento, o prédio, mas não mudar-lhe a destinação econômica, sem expressa autorização do proprietário.
(Brasil, 2002a)

O usufrutuário é o titular de direitos reais que tem a maior amplitude no exercício de seus poderes, perdendo apenas para o proprietário. Observamos que o rol de direitos do usufrutuário é extenso, cabendo a ele prerrogativas que são, algumas vezes, exclusivas e comuns a ele e ao proprietário.

Reciprocamente, seus deveres também são extensos, como arcar com despesas ordinárias do bem, prestações e tributos relativos ao uso do bem. Esses deveres estão dispostos nos arts. 1.400 a 1.409:

Art. 1.400. O usufrutuário, antes de assumir o usufruto, inventariará, à sua custa, os bens que receber, determinando o estado em que se acham, e dará caução, fidejussória ou real, se lha exigir o dono, de velar-lhes pela conservação, e entregá-los findo o usufruto.

Parágrafo único. Não é obrigado à caução o doador que se reservar o usufruto da coisa doada.

Art. 1.401. O usufrutuário que não quiser ou não puder dar caução suficiente perderá o direito de administrar o usufruto; e, neste caso, os bens serão administrados pelo proprietário, que ficará obrigado, mediante caução, a entregar ao usufrutuário o rendimento deles, deduzidas as despesas de administração, entre as quais se incluirá a quantia fixada pelo juiz como remuneração do administrador.

Art. 1.402. O usufrutuário não é obrigado a pagar as deteriorações resultantes do exercício regular do usufruto.

Art. 1.403. Incumbem ao usufrutuário:

I – as despesas ordinárias de conservação dos bens no estado em que os recebeu;

II – as prestações e os tributos devidos pela posse ou rendimento da coisa usufruída.

Art. 1.404. Incumbem ao dono as reparações extraordinárias e as que não forem de custo módico; mas o usufrutuário lhe pagará os juros do capital despendido com as que forem necessárias à conservação, ou aumentarem o rendimento da coisa usufruída.

§ 1º Não se consideram módicas as despesas superiores a dois terços do líquido rendimento em um ano.

§ 2º Se o dono não fizer as reparações a que está obrigado, e que são indispensáveis à conservação da coisa, o usufrutuário pode realizá-las, cobrando daquele a importância despendida.

Art. 1.405. Se o usufruto recair num patrimônio, ou parte deste, será o usufrutuário obrigado aos juros da dívida que onerar o patrimônio ou a parte dele.

Art. 1.406. O usufrutuário é obrigado a dar ciência ao dono de qualquer lesão produzida contra a posse da coisa, ou os direitos deste.

Art. 1.407. Se a coisa estiver segurada, incumbe ao usufrutuário pagar, durante o usufruto, as contribuições do seguro.

§ 1º Se o usufrutuário fizer o seguro, ao proprietário caberá o direito dele resultante contra o segurador.

§ 2º Em qualquer hipótese, o direito do usufrutuário fica sub-rogado no valor da indenização do seguro.

Art. 1.408. Se um edifício sujeito a usufruto for destruído sem culpa do proprietário, não será este obrigado a reconstruí-lo, nem o usufruto se restabelecerá, se o proprietário reconstruir à sua custa o prédio; mas se a indenização do seguro for aplicada à reconstrução do prédio, restabelecer-se-á o usufruto.

Art. 1.409. Também fica sub-rogada no ônus do usufruto, em lugar do prédio, a indenização paga, se ele for desapropriado, ou a importância do dano, ressarcido pelo terceiro responsável no caso de danificação ou perda. (Brasil, 2002a)

Em suma, o usufrutuário tem como obrigação principal e geral administrar os bens que recebe informando ao proprietário o que caberá ao exercício da nua-propriedade, bem como conversar e funcionalizar o bem no exercício de seu direito real.

— 4.2.4 —
Extinção do usufruto

O usufruto instituído sobre bens móveis se extingue quando o bem é devolvido ao nu-proprietário; quando instituído sobre bens imóveis, o usufruto extingue-se com a averbação de sua extinção no cartório de registro de imóveis em que foi instituído.

Caso o usufruto tenha sido instituído em favor de duas ou mais pessoas, com o óbito de uma delas, extinguirá parcialmente o usufruto em relação ao usufrutuário que faleceu.

O Código Civil estipula, no art. 1.410, as causas do usufruto: renúncia, morte, término de duração, extinção da pessoa jurídica, cessão do motivo do usufruto, destruição, consolidação, culpa e não uso.

A primeira delas é em razão da **renúncia** do usufrutuário. Trata-se de ato praticado exclusivamente pelo usufrutuário que manifesta expressamente sua intenção em não mais exercer o usufruto sobre o bem que lhe foi concedido. Uma vez que a instituição do usufruto tenha ocorrido em bens imóveis, existe uma formalidade para sua desconstituição, visto que, no direito civil, em regra, o desfazimento dos atos ocorre pela mesma forma exigida para sua caracterização. Assim, apontamos, a seguir, todas as etapas para renúncia do usufruto:

1. Separar a documentação pessoal do usufrutuário e nu-proprietário: RG e CPF (inclusive dos cônjuges ou companheiros); certidão que comprova o estado civil (atualizado até 90 dias); comprovante de endereço e qualificação.

2. Separar a documentação do imóvel: matrícula e certidão de ônus reais; guia do Imposto Predial e Territorial Urbano (IPTU) do ano corrente; certidão negativa de débitos municipais.

3. Se o ato for realizado pelo advogado: será necessária uma procuração pública com poderes especiais; isso servirá para qualquer pessoa que represente o usufrutuário.

4. Ir ao cartório de notas: o usufruto é um direito real e, quando instituído sobre bens imóveis, é preciso respeitar o art. 108 do Código Civil[14].

5. Pagar o Imposto de Transmissão Causa Mortis e Doação (ITCMD): existe uma discussão a respeito da possibilidade de cobrança de ITCMD no momento da extinção do usufruto. Para os estados que cobram, a alíquota desse imposto também dependerá de cada estado. Com relação à extinção do usufruto, usualmente aplica-se sobre 50% do valor venal

---

4 "Art. 108. Não dispondo a lei em contrário, a **escritura pública** é essencial à validade dos negócios jurídicos que visem à constituição, transferência, modificação ou **renúncia de direitos reais sobre imóveis** de valor superior a trinta vezes o maior salário mínimo vigente no País." (Brasil, 2002a, grifo nosso)

do imóvel, mas, no Distrito Federal, incide sobre 70% do valor venal do imóvel.

6. Cartório de registro de imóveis ao final, e, após o pagamento de todas as taxas, a escritura pública deverá ser encaminhada ao cartório de registro de imóveis competente para que se possa averbar a extinção do usufruto.

A segunda causa indicada pelo *codex* é a **morte** do usufrutuário. Caso ele tenha sido instituído de modo vitalício, essa seria, em tese, a única forma de sua extinção. O usufruto não se transfere aos herdeiros do usufrutuário em razão da impossibilidade de ser constituído de maneira perpétua, característica exclusiva dos direitos reais sobre coisa própria. Ressaltamos que o usufruto não se extingue com a morte do nu-proprietário, pois, nesse caso, a propriedade do bem se transfere aos herdeiros ou legatários do nu-proprietário, que a recebem com o usufruto, característica denominada *sequela própria dos direitos reais*. Caso o usufruto tenha sido instituído com prazo determinado, a morte do usufrutuário anteriormente ao atingimento do prazo levará à sua extinção em razão de seu caráter personalíssimo.

Como o usufruto pode ser instituído por prazo determinado, ele será extinto pelo **termo de sua duração**, como alguém que tenha cedido um bem ao usufrutuário pelo prazo de 30 anos. Com o advento do prazo acordado, o usufruto deverá ser extinto.

Outra causa é a **extinção da pessoa jurídica**. Quando o usufrutuário é pessoa jurídica, existem duas possibilidades de extinção. A primeira em razão de algumas das causas previstas em lei, como por deliberação de seus sócios ou por sentença declaratória de processo falimentar. A segunda hipótese, caso a pessoa jurídica permaneça em plena atividade após 30 anos da constituição do usufruto, o usufruto se extinguirá com o término desse prazo.

Se o usufruto for instituído para atender a uma necessidade especial do usufrutuário, como garantir-lhe moradia, quando o usufrutuário adquire um imóvel para residir, o usufruto é extinto pelo fim de sua utilidade, ou seja, cessação do motivo de que se origina, outra causa apontada pelo Código Civil.

Guardadas as disposições dos arts. 1.407, 1.408, 2ª parte, e 1.409, o usufruto será extinto em razão da **destruição** da coisa. O termo *deterioração* poderá ser substituído por *perda*, ou seja, *destruição total* do bem, pois, se ocorrer o perecimento do bem (destruição parcial), caberá ao usufrutuário devolver o bem e indenizar o nu-proprietário pelo dano. Contudo, com o desaparecimento do bem no mundo jurídico, conceito de destruição ou perda, extingue-se o usufruto pela impossibilidade física de seu exercício.

A **consolidação**, termo jurídico que prepondera quando se encontram duas titularidades de direito real distinta na mesma pessoa, também é causa de extinção. Por exemplo, quando o usufrutuário compra o imóvel em que se constituiu o usufruto, extingue-se o usufruto, pois, agora, ele tornou-se proprietário. Assim, já detém, no exercício de sua propriedade, os direitos inerentes ao usufruto. Por isso, não faz sentido algum instituir usufruto em coisa própria.

A extinção pela **culpa** do usufrutuário ocorrerá se ele alienar, deteriorar ou deixar arruinar os bens sem proceder com os reparos de conservação, ou não der a aplicação prevista no parágrafo único do art. 1.395 às importâncias recebidas quando o usufruto for de títulos de crédito: "A extinção do usufruto se dará por ato ilícito do usufrutuário, aplicando a regra geral do dever de indenizar prevista nos arts. 186 e 187 do Código Civil" (Brasil, 2002a).

O desuso, ou não fruição, da coisa em que o usufruto recai (arts. 1.390 e 1.399) também levará à sua extinção. Não há, entretanto, no ordenamento jurídica brasileiro, previsão legal sobre o prazo a que se refere essa hipótese. Por essa razão, há muitas discussões na doutrina e na jurisprudência.

> Defende-se, de uma parte, a incidência do prazo prescricional de dez anos, estabelecido no art. 205 do Código Civil, ou ainda o recurso do prazo decenal, por aplicação analógica do artigo 1.389, III, do Código Civil, que disciplina a extinção das servidões pelo não uso. No entanto, em direção distinta, aprovou-se na III Jornada de Direito Civil do CJF (2004) o Enunciado 252 segundo o qual "a extinção do usufruto pelo não-uso, de que trata o artigo 1.410, inc. VIII, independe do prazo previsto no artigo, 1.389, inc, III, operando-se imediatamente. Em direção semelhante, o Superior Tribunal de Justiça já considerou que "a aplicação dos prazos de natureza prescricional não é cabível quando a demanda não tem por objetivo compelir a parte adversa ao cumprimento de uma prestação. Tratando-se de usufruto, tampouco é admissível a incidência,

por analogia, do prazo extintivo das servidões, pois a circunstância que é comum a ambos os institutos – extinção pelo não uso – não decorre, em cada hipótese, dos mesmos fundamentos". Assim, a extinção do usufruto pelo não uso poderia "ser levada a efeito sempre que, diante das circunstâncias da hipótese concreta, se constatar o não atendimento da finalidade social do bem gravado. (Tepedino; Monteiro Filho; Renteria, 2021, p. 357)

Nesse sentido, entendeu o Superior Tribunal de Justiça no Recurso Especial n. 1.179.259/MG, de relatoria da Ministra Nancy Andrighi, em 14 de maio de 2013, que:

> DIREITO CIVIL. RECURSO ESPECIAL. AÇÃO DE EXTINÇÃO DE USUFRUTO. PREQUESTIONAMENTO. AUSÊNCIA. SÚMULA 211/STJ. DISSÍDIO JURISPRUDENCIAL NÃO DEMONSTRADO. REEXAME DE FATOS E PROVAS. INADMISSIBILIDADE. NÃO USO OU NÃO FRUIÇÃO DO BEM GRAVADO COM USUFRUTO. PRAZO EXTINTIVO. INEXISTÊNCIA. INTERPRETAÇÃO POR ANALOGIA. IMPOSSIBILIDADE. EXIGÊNCIA DE CUMPRIMENTO DA FUNÇÃO SOCIAL DA PROPRIEDADE.
>
> 1 – A ausência de decisão acerca de dispositivos legais indicados como violados, não obstante a interposição de embargos de declaração, impede o exame da insurgência quanto à matéria.
>
> 2 – O dissídio jurisprudencial deve ser comprovado mediante o cotejo analítico entre acórdãos que versem sobre situações fáticas idênticas.

3 - O reexame de fatos e provas em recurso especial é inadmissível.

4 - O usufruto encerra relação jurídica em que o usufrutuário – titular exclusivo dos poderes de uso e fruição – está obrigado a exercer seu direito em consonância com a finalidade social a que se destina a propriedade. Inteligência dos arts. 1.228, § 1º, do CC e 5º, XXIII, da Constituição.

5 - No intuito de assegurar o cumprimento da função social da propriedade gravada, o Código Civil, sem prever prazo determinado, autoriza a extinção do usufruto pelo não uso ou pela não fruição do bem sobre o qual ele recai.

6 - A aplicação de prazos de natureza prescricional não é cabível quando a demanda não tem por objetivo compelir a parte adversa ao cumprimento de uma prestação.

7 - Tratando-se de usufruto, tampouco é admissível a incidência, por analogia, do prazo extintivo das servidões, pois a circunstância que é comum a ambos os institutos – extinção pelo não uso – não decorre, em cada hipótese, dos mesmos fundamentos.

8 - A extinção do usufruto pelo não uso pode ser levada a efeito sempre que, diante das circunstâncias da hipótese concreta, se constatar o não atendimento da finalidade social do bem gravado.

9 - No particular, as premissas fáticas assentadas pelo acórdão recorrido revelam, de forma cristalina, que a finalidade social do imóvel gravado pelo usufruto não estava sendo atendida

pela usufrutuária, que tinha o dever de adotar uma postura ativa de exercício de seu direito.

10 - Recurso especial não provido. (Brasil, 2013b)

Em razão do estudo do usufruto, outros dois direitos reais advêm: o direito real de uso e o direito real de habitação. Pouco a pouco, eles ganham relevância no cenário jurídico, seja pela demonstração dos tribunais brasileiros em aprimorar seus julgados, seja pela frequência com que vêm sendo utilizados.

— 4.3 —
Direito real de uso

Primeiramente, não devemos confundir o direito real de uso com a concessão de direito real de uso. Embora ambos sejam direitos reais que concedem ao titular a prerrogativa de dar ao bem a finalidade a que se propõe, o surgimento e a natureza jurídica são completamente distintos. Por essa razão, no próximo capítulo, estudaremos os direitos reais sociais: concessão de uso especial para fins de moradia e concessão de direito real de uso.

O direito real de uso, na verdade, é uma simplificação do usufruto, prova disso é seu surgimento também do direito romano. Ele se distingue do usufruto pelas seguintes características: a transferência do usufruto ocorre como forma de exploração econômica e, no direito real de uso, admite-se apenas a retida dos frutos que forem necessários às suas necessidades. Nesse sentido, o art. 1.412, *caput*, dispõe que "o usuário usará da coisa e perceberá os seus frutos, quanto o exigirem as necessidades suas e de sua família" (Brasil, 2002a).

Entendemos por *direito real de uso* o direito real de gozo e fruição que concede ao seu titular, denominado *usuário*, a prerrogativa de utilizar o bem retirando dele tudo o que for necessário para sua sobrevivência e/ou de sua família, não lhe cabendo, entretanto, o direito de explorar a coisa, prerrogativa exclusiva do usufrutuário.

A relação jurídica de natureza real ocorre entre o usuário e o proprietário do bem, que, pelo exercício de sua autonomia privada, **em regra**, transfere ao usuário seu bem móvel ou imóvel, para que este possa utilizá-lo no todo ou em parte, de acordo com suas necessidades básicas.

O direito real de uso está disposto nos arts. 1.412 e 1.413 do Código Civil. A justificativa para haver apenas dois artigos do Código que regulamentam o instituto reside na aplicação subsidiária ao direito real de usufruto. Assim, o art. 1.412 conceitua o uso, e o art. 1.413 determina que sejam aplicadas a ele as regras do usufruto no que lhe for compatível: "São aplicáveis ao uso, no que não for contrário à sua natureza, as disposições relativas ao usufruto" (Brasil, 2002a).

Nos termos do art. 1.412, o titular do direito real de uso – usuário – poderá usar da coisa, móvel ou imóvel, e perceberá seus frutos tanto quanto exigirem as necessidades suas e de sua família. Nos moldes do parágrafo 1º do mesmo artigo, as necessidades pessoais do usuário serão avaliadas conforme a condição socioeconômica e o local de moradia. Já as necessidades da família compreendem o cônjuge e, claro, podendo fazer uma extensão ao companheiro, bem como aos filhos solteiros e empregados domésticos.

Assim como o usufruto, o direito real de uso pode recair tanto sobre bens móveis quanto imóveis, portanto suas formas de constituição equiparam-se ao que já foi estudado sobre o usufruto, com exceção da possibilidade de se adquirir por imposição da lei.

Entre as principais incompatibilidades das regras aplicáveis ao usufruto em relação ao direito real de uso, encontra-se a inaplicabilidade do disposto no art. 1.393 do Código Civil. Como o direito real de uso é instituído com objetivo de suprir as necessidades básicas do usuário e de sua família, não se admite a possibilidade de transmissão de seu exercício, como ocorre no usufruto. A título exemplificativo, o usufrutuário poderá figurar como locatário e ceder o bem onerosamente, mas o mesmo não poderá ser feito pelo usuário, já que isso traria inconformidade com o propósito do instituto.

Também não se aplica o disposto no art. 1.411, já que o usufruto admite divisibilidade, e o uso, não.

Diferentemente do usufrutuário, que pode ser pessoa física ou jurídica, o direito real de uso não permite a prerrogativa de usuário pessoa jurídica, já que sua finalidade é suprir necessidades básicas da pessoa e de sua família. Assim, não se aplica, por analogia, entre as formas de extinção do usufruto, a hipótese prevista no art. 1.410, inciso III, do Código Civil.

Por fim, trata-se de um direito personalíssimo, que deve ser interpretado nessa perspectiva.

— 4.4 —
Direito real de habitação

Disposto nos arts. 1.414 a 1.416 do Código Civil, o direito real de habitação pode ser definido como o direito real de gozo e fruição que concede a prerrogativa de utilizar, de maneira gratuita, o bem exclusivamente para moradia a seu titular, a quem apenas nos reportaremos como *titular do direito real de habitação*, porque não há uma nomenclatura própria, como usufrutuário ou usuário.

Podemos considerar o direito real de habitação como um usufruto ainda mais reduzido, visto que o usufrutuário, por exemplo, terá o direito de explorar economicamente a coisa, retirando dela todos os frutos que produz, e o usuário, por sua vez, poderá apenas retirar os frutos necessários à sua subsistência e/ou de sua família. O direito real de habitação garante ao seu titular, entretanto, apenas o direito de moradia gratuita.

É comum o questionamento em relação à distinção entre contrato de comodato para fins residenciais e direito real de habitação, visto que ambos garantem moradia gratuita à parte.

Contudo, devemos nos reportar ao início desta obra, quando tratamos da distinção entre direitos obrigacionais de natureza patrimonial e direitos reais, enquadrando-se o comodato na primeira hipótese, e o direito real de habitação, na segunda, com todas as distinções que lhe são inerentes.

O direito real de habitação está intimamente ligado ao direito à moradia, que "ganhou" *status* de direito fundamental na Carta Maior com a Emenda Constitucional n. 26, de 14 de fevereiro de 2000 (Brasil, 2000).

A relação jurídica de natureza real ocorre entre o proprietário do bem e o titular do direito real de habitação, que, por ato de liberalidade ou por força da lei (art. 1.831), transfere a ele seu bem imóvel, para que possa utilizá-lo para fins de moradia.

De acordo com o art. 1.414, "quando o uso consistir no direito de habitar gratuitamente casa alheia, o titular deste direito não a pode alugar, nem emprestar, mas simplesmente ocupá-la com sua família" (Brasil, 2002a), ou seja, o exercício do direito real não pode ser transferido nem a título gratuito, nem a título oneroso, como ocorre no usufruto, ao lado do que já acontecia com o direito real de uso, dando sua característica personalíssima, *intuito personae*, gratuita e vitalícia.

O direito real de habitação será divisível, por isso poderá ser concedido a mais de uma pessoa. Nesse caso, ainda que apenas uma delas habite sozinha o imóvel, não terá de pagar às demais o valor referente aos aluguéis, mas não poderá proibi-las de habitar o imóvel, nos termos do art. 1.415 do Código Civil.

Nos mais, são aplicáveis à habitação, no que não forem contrárias à sua natureza, as disposições relativas ao usufruto, conforme o art. 1.416.

Pela sua própria natureza, estamos tratando de um direito real que recai exclusivamente sobre bens imóveis e institui-se apenas para pessoas físicas. Contudo, o instituto deverá ser atualizado, visto que percebemos, na prática, pessoas que habitam trailers, *motorhome* e assemelhados, que poderiam ser caraterizados como bens móveis quando garantem moradia a seu titular.

A instituição do direito real de habitação ocorre por ato *inter vivos*, *causa mortis*, por usucapião ou por lei. Sendo instituído por ato *inter vivos*, devemos observar o disposto nos arts. 1.227 c/c art. 108 do Código Civil. Adquirido por usucapião, utilizaremos por analogia os prazos da usucapião da servidão, sendo de 10 anos quando o titular age de boa-fé ou 20 anos quando de má-fé. Por ato *causa mortis*, ocorrerá por testamento, e, por força da lei, deverá ser aplicado o art. 1.831 do Código Civil. Em razão de sua discussão jurisprudencial relevante, trataremos do tema em seção específica, a seguir.

— 4.4.1 —
Direito real do cônjuge/ companheiro sobrevivente

O art. 1.831 do Código Civil assim dispõe:

> Art. 1.831. Ao cônjuge sobrevivente, qualquer que seja o regime de bens, será assegurado, sem prejuízo da participação que lhe caiba na herança, o direito real de habitação relativamente ao imóvel destinado à residência da família, desde que seja o único daquela natureza a inventariar. (Brasil, 2002a, art. 1.831)

Embora seja o mesmo direito real de que tratam os arts. 1.414 a 1.416 do Código Civil, o direito real de habitação instituído por força do art. 1.831 tem algumas peculiaridades, por isso é necessária a análise de julgados do Superior Tribunal de Justiça para melhor compreensão do instituto nesse caso.

A primeira delas é o direito real de habitação, que se aplica tanto para o cônjuge quanto para o companheiro sobrevivente, conforme dispõe o art. 7º da Lei n. 9.278/1996, ratificado pelo Recurso Especial. n. 1.249.227/SC:

> EMENTA: DIREITO DAS SUCESSÕES. RECURSO ESPECIAL. SUCESSÃO ABERTA NA VIGÊNCIA DO CÓDIGO CIVIL DE 2002. COMPANHEIRA SOBREVIVENTE. DIREITO REAL DE HABITAÇÃO. ART. 1.831 DO CÓDIGO CIVIL DE 2002.

1. O Código Civil de 2002 regulou inteiramente a sucessão do companheiro, ab-rogando, assim, as leis da união estável, nos termos do art. 2º, § 1º da Lei de Introdução às Normas do Direito Brasileiro – Lindb. Portanto, é descabido considerar que houve exceção apenas quanto a um parágrafo.

2. É bem verdade que o art. 1.790 do Código Civil de 2002, norma que inovou o regime sucessório dos conviventes em união estável, não previu o direito real de habitação aos companheiros. Tampouco a redação do art. 1831 do Código Civil traz previsão expressa de direito real de habitação à companheira. Ocorre que a interpretação literal das normas conduziria à conclusão de que o cônjuge estaria em situação privilegiada em relação ao companheiro, o que não parece verdadeiro pela regra da Constituição Federal.

3. A parte final do § 3º do art. 226 da Constituição Federal consiste, em verdade, tão somente em uma fórmula de facilitação da conversão da união estável em casamento. Aquela não rende ensejo a um estado civil de passagem, como um degrau inferior que, em menos ou mais tempo, cederá vez a este.

4. No caso concreto, o fato de a companheira ter adquirido outro imóvel residencial com o dinheiro recebido pelo seguro de vida do falecido não resulta exclusão de seu direito real de habitação referente ao imóvel em que residia com o companheiro, ao tempo da abertura da sucessão.

5. Ademais, o imóvel em questão adquirido pela ora recorrente não faz parte dos bens a inventariar.

6. Recurso especial provido. (Brasil, 2014b)

A segunda é o direito real de habitação aplicado quando o cônjuge, ou companheiro, concorre, tanto quando houver descendentes comuns do casal quanto na hipótese de concorrerem com filhos exclusivos do *de cujus*. Vejamos acórdão do Recurso Especial n. 1.134.387 do STJ, Relatora Ministra Nancy Andrigi, julgado em 13 de abril de 2013:

> DIREITO CIVIL. DIREITO DE FAMÍLIA E SUCESSÃO. DIREITO REAL DE HABITAÇÃO DO CÔNJUGE SOBREVIVENTE. RECONHECIMENTO MESMO EM FACE DE FILHOS EXCLUSIVOS DO DE CUJOS.
>
> 1.- O direito real de habitação sobre o imóvel que servia de residência do casal deve ser conferido ao cônjuge/companheiro sobrevivente não apenas quando houver descendentes comuns, mas também quando concorrerem filhos exclusivos do de cujos.
>
> 2.- Recurso Especial improvido. (Brasil, 2014a)

A terceira peculiaridade é que, quando instituído por força do art. 1.831, o direito real de habitação não necessita de inscrição no cartório de registro de imóveis onde o imóvel encontra-se matriculado. Trata-se de uma exceção à necessidade de registro para constituição de direitos reais sobre bens imóveis, prevista no art. 1.227 do Código Civil. Assim, entendeu o STJ no Recurso Especial. n. 1.846.167, Relatora Ministra Nancy Andrigi, julgado em 2021:

EMENTA: CIVIL E PROCESSUAL CIVIL. RECURSO ESPECIAL. AÇÃO DE EXTINÇÃO DE CONDOMÍNIO CUMULADA COM COBRANÇA DE ALUGUÉIS. DIREITO REAL DE HABITAÇÃO. COMPANHEIRA SUPÉRSTITE. NEGATIVA DE PRESTAÇÃO JURISDICIONAL. NÃO CONFIGURAÇÃO. EXTINÇÃO DE CONDOMÍNIO E ALIENAÇÃO DE IMÓVEL COMUM. INVIABILIDADE. ALUGUÉIS. DESCABIMENTO. JULGAMENTO: CPC/2015.

1. Ação proposta em 06/04/2018, da qual foi extraído o presente recurso especial interposto em 28/06/2019 e atribuído ao gabinete em 07/01/2020.

2. O propósito recursal é dizer se a) houve negativa de prestação jurisdiciona; b) o direito real de habitação assegurado à companheira supérstite constitui empecilho à extinção do condomínio do qual participa com os herdeiros do de cujus e c) é possível a fixação de aluguel a ser pago pela convivente e por sua filha, também herdeira do falecido, em prol dos demais herdeiros, em consequência do uso exclusivo do imóvel.

3. O capítulo da sentença não impugnado em sede de apelação e, assim, não decidido pelo Tribunal de origem, impede o exame da matéria por esta Corte, em razão da preclusão consumativa.

4. Se o Tribunal de origem, aplicando o direito que entende cabível à hipótese, soluciona integralmente a controvérsia submetida à sua apreciação, ainda que de forma diversa daquela pretendida pela parte, inexiste ofensa ao art. 1.022.

5. O direito real de habitação é ex lege (art. 1.831 do CC/2015 e art. 7o da Lei 9.272), vitalício e personalíssimo, o que significa que o cônjuge ou companheiro sobrevivente pode permanecer

no imóvel até o momento do falecimento. Sua finalidade é assegurar que o viúvo ou viúva permaneça no local em que antes residia com sua família, garantindo-lhe uma moradia digna.

6. O advento do Código Civil de 2002 deu ensejo à discussão acerca da subsistência do direito real de habitação ao companheiro sobrevivente. Essa questão chegou a este Tribunal Superior, que firmou orientação no sentido da não revogação da Lei 9.278/96 pelo CC/02 e, consequentemente, pela manutenção do direito real de habitação ao companheiro supérstite.

7. Aos herdeiros não é autorizado exigir a extinção do condomínio e a alienação do bem imóvel comum enquanto perdurar o direito real de habitação (REsp 107.273/PR; REsp 234.276/RJ). A intromissão do Estado-legislador na livre capacidade das pessoas disporem dos respectivos patrimônios só se justifica pela igualmente relevante proteção constitucional outorgada à família (203, I, CF/88), que permite, em exercício de ponderação de valores, a mitigação de um deles – in casu – dos direitos inerentes à propriedade, para assegurar a máxima efetividade do interesse prevalente, que na espécie é a proteção ao grupo familiar.

8. O direito real de habitação tem caráter gratuito, razão pela qual os herdeiros não podem exigir remuneração do companheiro sobrevivente pelo uso do imóvel. Seria um contrassenso atribuir-lhe a prerrogativa de permanecer no imóvel em que residia antes do falecimento do seu companheiro, e, ao mesmo tempo, exigir dele uma contrapartida pelo uso exclusivo.

9. Em virtude do exame do mérito, por meio do qual foi acolhida a tese sustentada pelas recorrentes, fica prejudicada a análise do dissídio jurisprudencial.

10. Recurso especial parcialmente conhecido e, nessa extensão, provido. (Brasil, 2021b)

A quarta peculiaridade é que **não há** direito real de habitação ao cônjuge, ou companheiro, sobrevivente quando o imóvel em discussão estava em copropriedade entre o falecido e terceiro. Em outras palavras, para que se possa caracterizar o direito à moradia no referido direito real, o imóvel deve pertencer ao casal ou exclusivamente ao falecido. Justifica-se o entendimento pelo fato de que não se pode exigir que o coproprietário se "submeta" a uma limitação por força de direito sucessório posterior à aquisição do imóvel. Esse entendimento encontra-se no Resp. n. 1.520.294, Relatora Ministra Isabel Galloti, julgado em 26 ago. 2020:

> EMENTA: EMBARGOS DE DIVERGÊNCIA. RECURSO ESPECIAL. DIREITO REAL DE HABITAÇÃO. COPROPRIEDADE DE TERCEIRO ANTERIOR À ABERTURA DA SUCESSÃO. TÍTULO AQUISITIVO ESTRANHO À RELAÇÃO HEREDITÁRIA.
>
> 1. O direito real de habitação possui como finalidade precípua garantir o direito à moradia ao cônjuge/companheiro supérstite, preservando o imóvel que era destinado à residência do casal, restringindo temporariamente os direitos de propriedade originados da transmissão da herança em prol da solidariedade familiar.

2. A copropriedade anterior à abertura da sucessão impede o reconhecimento do direito real de habitação, visto que de titularidade comum a terceiros estranhos à relação sucessória que ampararia o pretendido direito.
3. Embargos de divergência não providos. (Brasil, 2020)

Outras questões igualmente importantes no que se refere ao direito real de habitação do cônjuge ou companheiro supérstite foram julgadas pelo STJ[5].

---

5   Cf: REsp. n. 1. 315.606, REsp. n. 1.436.350 (Brasil, 2022), REsp. n. 1.582.178 (Brasil, 2018b), REsp. n. 1.757.984 (Brasil, 2019d), REsp. n. 1.865.202 (Brasil, 2021c).

Capítulo 5

*Direitos reais de superfície,
de servidão, de laje e
direitos sociais*

Outras categorias de relações jurídicas de natureza real elencadas pelo Código Civil são: direitos reais de superfície, de servidão e de laje e direitos sociais de concessão de uso especial para fins de moradia e de concessão de direito real de uso.

Também classificados como direitos reais sobre coisas alheias, cada um dos direitos reais segue sistematização própria que os tornam apropriados para determinadas situações.

— 5.1 —
Breves considerações sobre enfiteuse

Christiano Cassettari e Marcos Costa Salomão (2022, p. 73) conceituam *enfiteuse* nos seguintes termos:

> A enfiteuse trata-se do direito real de fruição sobre coisa alheia que se constitui quando, por ato entre vivos ou causa mortis, o proprietário atribua a outrem o domínio útil do imóvel de forma perpétua, pagando a pessoa que o adquiria (enfiteuta ou foreiro) ao senhorio direto uma pensão ou foro, anual, certo e invariável.

A enfiteuse pode ser caracterizada como direito real de gozo e fruição sobre coisa alheias, instituída por ato *inter vivos* ou causa mortis, celebrado entre o proprietário/senhorio direto e o enfiteuta/foreiro que transfere o domínio útil do bem.

O direito real de superfície não estava previsto no Código Civil de 1916, mas havia a previsão de outro direito real denominado *direito real de enfiteuse*.

Passaremos a uma breve análise sobre as enfiteuses considerando que, embora tenham sido extintas com o atual Código Civil (2002), as enfiteuses constituídas sob a vigência do antigo código e ainda não extintas continuam com pleno efeito no mundo jurídico, nos termos do art. 2.038 do Código Civil:

> Art. 2.038. Fica proibida a constituição de enfiteuses e subenfiteuses, subordinando-se as existentes, até sua extinção, às disposições do Código Civil anterior, Lei nº 3.071, de 1º de janeiro de 1916, e leis posteriores.
>
> § 1º. Nos aforamentos a que se refere este artigo é defeso:
>
> I – cobrar laudêmio ou prestação análoga nas transmissões de bem aforado, sobre o valor das construções ou plantações;
>
> II – constituir subenfiteuse.
>
> § 2º. A enfiteuse dos terrenos de marinha e acrescidos regula-se por lei especial. (Brasil, 2002a)

O parágrafo 2º faz referências às enfiteuses constituídas em terrenos da marinha, que também encontra guarida no texto constitucional, no art. 49, parágrafo 3º, do Ato das Disposições Constitucionais Transitórias da CF/1988: "A enfiteuse continuará sendo aplicada aos terrenos de marinha e seus acrescidos, situados na faixa de segurança de cem metros de largura, a partir da orla marítima" (Brasil, 1988).

Portanto, podemos concluir que existem duas espécies de enfiteuses. Uma são as enfiteuses administrativas instituídas em terrenos da marinha e regidas pela Constituição, entre outras leis especiais, e continuam em vigor. Outra são as enfiteuses civis que foram extintas com o atual Código Civil, nos termos do art. 2.038, com atenção para aquelas ainda não extintas.

Em termos práticos, o proprietário transfere ao enfiteuta os atributos de usar, gozar e reaver, podendo o enfiteuta dispor/alienar o domínio útil. Ao instituir a enfiteuse, o enfiteuta se compromete a pagar a taxa denominada *foro*, que é a taxa anual pega pelo enfiteuta ao proprietário, cujo valor geralmente será de 0,6% do valor venal do terreno, desconsiderando as benfeitorias. Deixando de pagar por três anos consecutivos, haverá a perda do direito de enfiteuse.

O enfiteuta poderá transferir o domínio útil a terceiro. Nesse caso, o senhorio direto terá direito de preferência para aquisição. Exercendo seu direito de preferência, ocorrerá a extinção da enfiteuse pela consolidação. Toda vez que houver transferência, haverá cobrança do laudêmio, o valor que se paga toda vez que a enfiteuse é transferida de maneira onerosa. O percentual será de 5% sobre o valor da venda. Não se paga laudêmio na transferência sucessória.

Nos direitos do enfiteuta, está o de lotear ou de instituir condomínio edilício com autorização do senhorio. Por se tratar de um direito real perpétuo, cada herdeiro do enfiteuta receberá o imóvel e permanecerá em condomínio.

O domínio útil pode ser adquirido por usucapião em uma ação contra o enfiteuta que abandonou o imóvel.

O enfiteuta poderá renunciar seu direito real, independentemente da anuência do senhorio. Deixando de pagar por três anos consecutivos, haverá a perda do direito de enfiteuse por ato denominado *comisso*. O enfiteuta poderá tornar-se proprietário pleno do bem, após 10 anos da constituição do aforamento, caso inexista cláusula contratual impeditiva. Nesse caso, deverá pagar um laudêmio de 2,5% sobre o valor atualizado da propriedade plena, mais 10 foros (pensões anuais).

Por fim, a enfiteuse pode ser extinta pela renúncia, comisso ou resgate, consolidação ou destinação diversa do imóvel.

— 5.2 —

Superfície

O direito real de superfície tem origem histórica no direito romano. Como as terras, inicialmente, eram públicas e administradas exclusivamente pelo "governo", este permitia que a população construísse em seu solo, como forma de fomentar o comércio, a moradia e outros direitos advindos da exploração do bem.

No ordenamento civilista brasileiro, o direito real de superfície apenas passou a ter eficácia real com o Código Civil de 2002. O legislador infraconstitucional, quando da elaboração do atual Código Civil, optou por retirar a enfiteuse do rol de direitos reais e substituí-la pelo direito real de superfície, como já dissemos. Um dos principais motivos pelos quais o legislador fez essa opção são os prazos estabelecidos aos dois institutos, como será analisado no Quadro 5.1.

Sabemos que os direitos reais são relações negociais de eficácia mais rígida se comparadas aos contratos. Por esse motivo, o legislador buscou erradicar relações que se perpetuassem no tempo. A enfiteuse, como direito real perpétuo, além de pouco praticada na contemporaneidade, dificultava a circulação de riquezas em relação ao imóvel gravado. Por esse motivo, o legislador optou pelo direito real de superfície, porque, além de já ser praticado como contrato atípico (antes de sua inserção no rol do art. 1.225 do Código Civil), seria constituído com prazo determinado ou indeterminado quando se tratar do direito real previsto no Estatuto da Cidade.

As principais distinções entre os dois institutos estão dispostas no quadro a seguir.

Quadro 5.1 – Distinções entre direito real de superfície e enfiteuse

Direito real de superfície	Enfiteuse
Prazo determinado ou indeterminado.	Direito real perpétuo.
Destinação específica no imóvel.	Destinação é livre, mas determinada no contrato.

(continua)

(Quadro 5.1 - conclusão)

Direito real de superfície	Enfiteuse
Pode ocorrer de modo gratuito ou oneroso por meio do pagamento do *solarium*.	Será sempre oneroso por meio do pagamento anual do foro.
Em regra, o DRS não poderá ser transferido, exceção ao chamado *direito de sobrelevação*.	Ao ser transferido, deve haver o pagamento do laudêmio.

A superfície está inserida como direito real no inciso II do art. 1.225 do Código Civil e regulamentada nos arts. 1.369 a 1.377 da mesma legislação. O instituto também pode ser utilizado com instrumento de regularização urbana, por isso está previsto no art. 22 do Estatuto da Cidade, Lei n: 10.257/2001. Contudo, abordaremos, aqui, apenas o direito real de superfície do Código Civil, tendo em vista suas características peculiares no direito urbanístico.

Podemos conceituar *direito real de superfície* como a relação jurídica de eficácia estabelecida entre o proprietário do solo, ou nu-proprietário, que cede o terreno ao superficiário para que este possa explorar economicamente o bem, por meio de construções ou plantações, por determinado período, de modo gratuito ou oneroso. Nesse último caso, o pagamento será denominado *solarium*[1], que poderá ser efetuado de uma única vez ou parceladamente, nos termos do art. 1.370: "A concessão da superfície será gratuita ou onerosa; se onerosa, estipularão as

---

1 *Solarium* consiste na remuneração devida pelo superficiário ao nu-proprietário para exploração econômica do bem quando o direito real de superfície for constituído de modo oneroso.

partes se o pagamento será feito de uma só vez, ou parceladamente" (Brasil, 2002a).

Ao final da relação jurídica negocial de eficácia real, o proprietário do solo se tornará também proprietário de tudo o que nele foi acrescido, mediante pagamento de indenização ou não, conforme dispõe art. 1.375: "Extinta a concessão, o proprietário passará a ter a propriedade plena sobre o terreno, construção ou plantação, independentemente de indenização, se as partes não houverem estipulado o contrário" (Brasil, 2002a).

Formas de aquisição e perda

Assim como todos os direitos reais sobre bens imóveis, o direito real de superfície, nos termos dos arts. 108, 1.227 e 1.369, constitui-se mediante escritura pública devidamente transcrita no cartório de registro de imóveis.

Sua extinção ocorrerá com a averbação no mesmo cartório.

A respeito de seu exercício, o direito real de superfície poderá ser transferido a terceiro por ato *inter vivos*, ou por morte do superficiário, aos seus herdeiros, conforme o art. 1.372 do Código Civil. Contudo, na transferência por ato entre vivos, a lei proíbe qualquer tipo de pagamento.

Suas formas de extinção são: (1) pelo advento do termo final; (2) se o superficiário utilizar o terreno para finalidade diversa daquela para a que foi concedido (art. 1.374 do Código Civil); (3) pela desapropriação do imóvel, caso em que a indenização caberá ao proprietário e ao superficiário, no respectivo valor a que cada um faz jus, de acordo com o art. 1.376 do CC.

Características

O direito real de superfície não autoriza obra no subsolo, exceto se a exploração do bem for inerente ao objeto da concessão.

Caberá ao superficiário responder pelos encargos tributários que incidem sobre o imóvel, conforme o art. 1.371 do Código Civil.

Na alienação do imóvel ou do direito real de superfície, haverá direito de preferência elencado pelo art. 1.373 da legislação civilista: "Em caso de alienação do imóvel ou do direito de superfície, o Superficiário ou o proprietário tem direito de preferência, em igualdade de condições" (Brasil, 2002a).

Ressaltamos que o Estatuto da Cidade, Lei n. 10.257/2001, regulamenta a superfície administrativa nos arts. 21 a 24 (Brasil, 2001a). Nesse caso, o tema não será aprofundado aqui, mas destacamos que a principal distinção reside, entre outros fatores, na vinculação ao interesse público e/ou socialmente relevante na constituição do direito real de superfície erigido pela legislação urbanística.

Embora o Código Civil não tenha regulamentado o direito de sobrelevação, a doutrina reconhece sua possibilidade. Entendemos por *direito de sobrelevação* a possibilidade de o superficiário autorizar obras sobre a propriedade superficiária para terceiro. Inclusive, há uma discussão na doutrina civilista se haveria, realmente, a necessidade de o legislador ter inserido o direito real de laje como direito real autônomo, em vez de apenas regulamentar expressamente o direito de sobrelevação.

Mais adiante, trataremos de maneira pormenorizada do direito real de laje, contudo adiantamos o entendimento de que o legislador acertou ao regulamentar o direito real de laje de maneira autônoma, visto que as funções do direito de explorar o direito real de superfície pela sobrelevação e a utilização do direito real de laje são completamente distintas.

Em síntese, concluímos que o direito real de superfície, muito comumente utilizado por pessoas jurídicas, exerce uma função socioeconômica fundamental na exploração de áreas, muitas vezes subutilizadas, de maneira a equilibrar a função social da propriedade.

— 5.3 —
Servidão

O direito real de servidão é um dos direitos reais mais antigos de que se tem notícias na construção histórica dos direitos reais. Como já descrevemos em capítulo anterior, na primeira fase das sociedades greco-romanas, a propriedade era inalienável por estar intimamente ligada ao culto doméstico, prática realizada pelos antigos quando da morte de seus antepassados. Os corpos eram enterrados nas casas, permitindo, assim, que as refeições fossem celebradas nos cultos aos mortos. Por isso, permitir a alienação da propriedade feria seriamente o direito a esse culto fúnebre.

Em uma segunda fase, quando, então, a propriedade passa a ter a características de alienabilidade, a forma encontrada pelos antigos para possibilitar que o vendedor cultuasse seus antepassados que permaneciam no imóvel era permitindo sua entrada por meio da servidão de passagem.

Atualmente, o direito real de servidão, classificado como *direito real sobre coisa alheia*, é comumente utilizado em áreas rurais, garantindo acesso de animais a rios, áreas de passagem de gás, de pessoas e de objetos.

Uma curiosidade em relação às servidões é que o Código Civil, ao conceituá-la no art. 1.378, estabelece a relação entre dois prédios. Antes de continuar o conceito, insta esclarecer que o prédio seria sinônimo de bens imóveis. A nomenclatura correta para o que costumamos chamar, na vida cotidiana, de *prédio* é condomínio edilício, dividido em unidade condominiais, ou apartamentos.

De acordo como art. 1.378, a servidão estabelece uma relação entre dois prédios, um prédio denominado *prédio dominante* e outro denominado *prédio serviente*. A função do prédio serviente é fornecer utilidade ao prédio dominante, desde que pertencente a donos diversos.

O instituto tem semelhanças com o atributo da propriedade denominado *passagem forçada*, mas eles não se confundem por dois motivos. Primeiro porque passagem forçada não é um direito real autônomo, mas uma forma de exercício do direito de vizinhança, que decorre do atributo de uso da propriedade.

Já a servidão de passagem trata-se de um direito real autônomo, previsto nos arts. 1.378 a 1.389 do Código Civil. Segundo, porque a passagem forçada decorre de imóvel encravado, ou seja, aquele que não tem acesso à via pública. Já a servidão, que pode ou não se referir ao direito de passagem, ocorre para fins de facilidade de uso, e não de situação de encravamento.

Segundo o civilista clássico Rubens Limongi França (1999, p. 848):

> Servidão predial é o desmembramento da propriedade imposto a certo imóvel (prédio serviente) em benefício de outro (prédio dominante), de tal forma que o titular do primeiro perde, em favor titular do segundo, o uso, gozo e a disponibilidade, de uma parte dos seus direitos, o que pode consistir em ficar obrigado aquela a tolerar que este se utilize do imóvel serviente para determinado fim.

As características principais do direito real de servidão são:

a. **Predialidade**: esse direito é constituído exclusivamente sobre bens corpóreos imóveis.

b. **Acessoriedade**: as servidões dependem de um bem corpóreo para sua existência, portanto a noção de acessoriedade está relacionada à necessidade de existir um bem para sua caracterização, e não de outra relação jurídica contratual, como ocorre entre locação e fiança, por exemplo.

c. **Ambulatoriedade**: decorre da existência da sequela em direitos reais, ou seja, a servidão em que foi instituída quando ocorrer sua transferência.
d. **Indivisibilidade**: a servidão é indivisível, como dispõe o art. 1.386, e subsiste, mesmo que ocorra a divisão dos imóveis, "em benefício de cada uma das porções do prédio dominante, e continuam a gravar cada uma das do prédio serviente, salvo se, por natureza, ou destino, só se aplicarem a certa parte de um ou de outro" (Brasil, 2002a, art. 1.386).
e. **Perpetuidade**: as servidões, a partir do momento em que são estabelecidas, caracterizam-se enquanto houver dependência e facilidade entre o prédio dominante e o prédio serviente.

Formas de aquisição e perda

A servidão é adquirida pelo registro dos atos constitutivos próprios no cartório de registro de imóveis. Ressaltamos o fato de a relação jurídica ser estabelecida entre dois imóveis, ou seja, estamos falando de duas matrículas distintas. Na matrícula do imóvel serviente grava-se o direito real de servidão em favor do imóvel dominante.

Como já apontamos, a servidão pode ser adquirida por ato inter vivos, *causa mortis* (testamento) ou por usucapião.

Quando sua aquisição for por usucapião, o prazo será de 10 anos em caso de boa-fé e de 20 anos para má-fé, o maior prazo de usucapião de direitos reais sobre bens imóveis, como disposto no art. 1.379. No primeiro caso, temos a usucapião ordinária da servidão e, no segundo caso, a usucapião extraordinária da servidão.

No que diz respeito à modalidade extraordinária da servidão, ressaltamos que, com a mudança do Código Civil em 2002, o legislador trouxe uma reforma paradigmática no tocante ao tema da usucapião, com a "criação" de novas modalidades que visam fomentar a função social da propriedade, a posse-trabalho e o direito à moradia.

O legislador também reduziu, consideravelmente, os prazos da prescrição aquisitiva, em especial dos bens imóveis. No tocante à usucapião da propriedade imóvel, os prazos clássicos das modalidades ordinária e extraordinária foram reduzidos para 10 e 15 anos, respectivamente. Já a modalidade de usucapião extraordinária da servidão, o prazo se manteve em 20 anos. Com isso, questiona-se se teríamos uma redução tácita do prazo de 20 anos para 15 anos, no tocante à usucapião extraordinária da servidão? A resposta foi interpretada na III Jornada de Direito Civil pelo Enunciado n. 251: "O prazo máximo para usucapião extraordinária de servidões deve ser de 15 anos, em conformidade com o sistema geral de usucapião previsto no Código Civil" (Brasil, 2005c, p. 68).

A servidão será extinta pelos seguintes atos: (a) desapropriação; (b) renúncia, quando cessar a utilidade, ou a comodidade, para o prédio dominante, que justificou inicialmente a constituição da servidão, quando o proprietário do imóvel serviente resgatar a servidão; (c) consolidação (reunião dos dois prédios na mesma pessoa); (d) supressão das respectivas obras contida no contrato; e (e) não uso contínuo no prazo de 10 anos.

Em todos os casos, devemos fazer a averbação para fim de cancelamento da servidão.

Características

Assiste ao proprietário do imóvel dominante o direito de realizar as obras necessárias para conservação e uso do respectivo direito real, se o contrário não dispuser o título. Contudo, caso haja mais de um imóvel dominante, as despesas serão rateadas, conforme disposto no art. 1.380 c/c art. 1.381 do Código Civil.

O proprietário do prédio serviente poderá exonerar-se abandonando, total ou parcialmente, a propriedade ao dono do imóvel dominante, caso caiba a obrigação.

Outro ponto importante no que diz respeito às obrigações do proprietário do imóvel serviente refere-se a uma obrigação de natureza negativa, ou seja, uma obrigação de não fazer. Ele não poderá obstaculizar o exercício da servidão por parte do proprietário do prédio dominante.

Por seu turno, o uso da servidão restará restrito às necessidades do prédio dominante, não indo além dos encargos que devem ser agravados.

As servidões podem ser classificadas: (a) quanto à sua exteriorização: aparentes e não aparentes; (b) quanto ao exercício de sua utilização: contínuas e descontínuas; (c) quanto à sua constituição: civil, administrativa e legal.

Para concluir, resumimos as principais características da servidão:

- não há servidão sobre coisa própria;
- em todas as servidões, apenas serve a coisa;
- não se pode de uma servidão constituir outra;
- os prédios, se não forem contíguos, devem pelo ao menos serem próximos;
- a servidão não se presume;
- a servidão é indivisível;
- as servidões são inalienáveis.

— 5.4 —
Direito real de laje

Em 2017, o art. 1.225 do Código Civil sofreu mais uma alteração. A Lei n. 13.465/2017 acresceu ao rol dos direitos reais o chamado *direito real de laje*, cujo principal objetivo encontra seu fundamento no direito à moradia digna. Sendo assim, a referida lei acrescentou os arts. 1.510-A a 1.510-E, que sistematizam a laje.

As lajes, ou "puxadinhos" como são popularmente conhecidas, já eram realidade nas grandes capitais brasileiras, especialmente nas comunidades. Em pesquisa realizada pelo famoso professor português Boaventura de Sousa Santos, *Notas sobre a história jurídico-social de Pasárgada*, ele já identificou essas construções na comunidade de Jacarezinho, no Rio de Janeiro, às quais deu o nome fictício de Pasárgada:

A análise da ordem jurídica de Pasárgada circunscreve-se, no que interessa, para esse estudo, aos recursos, internos que são mobilizados para previnir e resolver conflitos decorrentes da propriedade ou posse da terra e dos direitos sobre construções (casas, barracos, laje) que nesta se implantam. (Santos, 2010, p. 60)

A regulamentação do direito real de laje teve influência do direito lusitano, pois o Código Civil português contém um instituto, muito semelhante ao direito real de laje, denominado *direito de construir sobre edifício alheio*, no capítulo destinado ao direito real de superfície, previsto no art. 1.526:

> Art. 1.526: O direito de construir sobre edifício alheio está sujeito às disposições deste título e às limitações impostas à constituição da propriedade horizontal; levantado o edifício, são aplicáveis as regras da propriedade horizontal, passando o construtor a ser condômino das partes referidas no artigo 1.421º. (Portugal, 1966, p. 345)

A Lei n. 13.465/2017 regulamentou o direito real de laje, entre outras determinações, e basicamente pode ser dividida em quatro partes:

1. Regularização fundiária rural (arts. 2º a 8º)
2. Regularização fundiária urbana (arts. 9º a 82)
3. Dos procedimentos de avaliação e alienação de imóveis (arts. 9º a 22)
4. Disposições finais

A segunda parte particularmente nos interessa, pois o art. 55 acresceu o inciso XIII ao art. 1.225 do Código Civil, a fim de inserir o direito real de laje, bem como os arts. 1.510-A a 1.510-E para sua sistematização. Já o art. 56 alterou a Lei n. 6.015/1973, a Lei de Registro Público, para determinar, no parágrafo 9º do art. 176, a abertura de matrícula para o direito real de laje.

> Artigo 176. O Livro nº 2 – Registro Geral – será destinado, à matrícula dos imóveis e ao registro ou averbação dos atos relacionados no art. 167 e não atribuídos ao Livro nº 3.
>
> [...]
>
> § 9º. A instituição do direito real de laje ocorrerá por meio da abertura de uma matrícula própria no registro de imóveis e por meio da averbação desse fato na matrícula da construção-base e nas matrículas de lajes anteriores, com remissão recíproca. (Incluído pela Lei nº 13.465, de 2017). (Brasil, 1973b)

O termo *laje* denomina uma obra contínua de concreto armado e refere-se a quaisquer construções ascendentes ou descentes ao solo. A nomenclatura adotada pelo Código Civil seria atécnica porque a exploração da laje poderá ser tanto do espaço aéreo quanto do subsolo. Popularmente, o termo é conhecido por "puxadinhos".

Com relação à sua classificação, como já informado anteriormente, há uma discussão doutrinária a respeito da natureza jurídica do direito real de laje: trata-se de um direito real sobre coisa própria ou de um direito real sobre coisa alheia?

O professor Carlos Eduardo Elias de Oliveira (2017) entende ser a laje "um direito real sobre coisa própria ao lado do direito de propriedade". Já Pablo Stolze e Salomão Viana (2017) afirmam que: "Trata-se, portanto, de um direito real sobre coisa alheia – com amplitude considerável, mas que com a propriedade não se confunde".

Embora a tendência da doutrina brasileira seja compreender o direito real de laje como direito real sobre coisa alheia, corroboramos, nesta obra, com a doutrina do professor Carlos Eduardo Elias de Oliveira. A laje tem autonomia econômica, registral, negocial e processual. Sua única dependência em relação à construção-base está em seu aspecto estrutural. Para o exercício seguro da laje, a construção-base deve ser perfectível. Tanto que, ocorrendo a venda da laje e necessidade de realização de obras e/ou reparos para sua manutenção com segurança, o adquirente deverá ser avisado, sob pena de anulabilidade do negócio jurídico. Esse é o entendimento do Tribunal de Justiça de Minas Gerais na Apelação Cível n. 1.0000.21.057880-3/001, relatoria do Desembargador Ramon Tácio, julgado em 16 de junho de 2021:

> EMENTA: APELAÇÃO CÍVEL – AÇÃO ORDINÁRIA – NEGÓCIO JURÍDICO – DIREITO REAL DE LAJE – NECESSIDADE DE OBRAS ESTRUTURAIS NA CONSTRUÇÃO-BASE – AUSÊNCIA DE COMPROVAÇÃO DE INFORMAÇÃO À ADQUIRENTE – ERRO – ANULAÇÃO – DANOS MATERIAIS – RESTITUIÇÃO DE VALORES – DANO MORAL – NÃO OCORRÊNCIA. A ausência

de informações pelo alienante de direito real de laje acerca da necessidade de realização de obras estruturais na construção-base enseja o reconhecimento de vício de consentimento que atrai a anulação do negócio jurídico e a determinação de que as partes retornem ao "status quo ante". A parte que comete ato ilícito e causa danos materiais à outra deve ser condenada ao pagamento de indenização pelos danos sofridos. A insuficiência de informações que enseja a anulação do negócio jurídico, por si só, não é bastante para configurar lesão a direito da personalidade, na dimensão técnica integridade moral (honra, liberdade, intimidade, imagem e nome), pelo que improcedente a pretensão da parte contratante de haver reparação pecuniária por dano moral. (Minas Gerais, 2021)

Antes de conceituarmos o que seria direito real de laje, começaremos por um critério negativo, ou seja, o que não pode ser considerado direito real de laje.

Direito real de laje não é espécie de condomínio edilício, embora haja semelhanças. Os "apartamentos" são espécies de laje, mas com efeitos diferentes. Na laje, o titular não possui fração ideal sobre o terreno, como ocorre nas áreas comuns dos condomínios edilícios, conforme prevê o art. 1.510-A, parágrafo 4º: "A instituição do direito real de laje não implica a atribuição de fração ideal de terreno ao titular da laje ou a participação proporcional em áreas já edificadas" (Brasil, 2002a).

Afinal, como poderíamos conceituar o "puxadinho"? Segundo Carlos Eduardo Elias de Oliveira (2017):

O Direito Real de Laje é uma espécie de Direito Real de Propriedade sobre um espaço tridimensional que se expande a partir da laje de uma construção-base em direção ascendente ou a partir do solo dessa construção em direção subterrânea. O direito real de laje pode ser aéreo ou subterrâneo, portanto.

Embora o Código Civil não estabeleça um conceito predeterminado sobre o direito real de laje, identifica o papel do proprietário da construção base e o papel do lajeado:

> Art. 1.510-A. O proprietário de uma construção-base poderá ceder a superfície superior ou inferior de sua construção a fim de que o titular da laje mantenha unidade distinta daquela originalmente construída sobre o solo.
>
> § 1º O direito real de laje contempla o espaço aéreo ou o subsolo de terrenos públicos ou privados, tomados em projeção vertical, como unidade imobiliária autônoma, não contemplando as demais áreas edificadas ou não pertencentes ao proprietário da construção-base. (Brasil, 2002a)

A autonomia do direito real de laje ganha ainda mais relevo quando analisada no campo registral. De acordo com o princípio da unicidade registral, cada imóvel será objeto de uma matrícula e cada matrícula descreverá um imóvel. Nesse sentido, determina o art. 1.510-A, parágrafo 3º: "Os titulares da laje, unidade imobiliária autônoma constituída em **matrícula própria**, poderão dela usar, gozar e dispor" (Brasil, 2002a, grifo nosso). Completado pelo art. 176, parágrafo 9°, da Lei de Registro Público:

> A instituição do direito real de laje ocorrerá por meio de abertura de uma matrícula própria no registro de imóveis e por meio da averbação desse fato na matrícula da construção-base e nas matrículas de lajes anteriores, com remissão recíproca (Brasil, 1973b).

Sendo assim, haverá duas matrículas autônomas: a construção-base terá uma matrícula X e a laje terá uma matrícula Y. Na matrícula X, haverá uma averbação da matrícula Y.

O lajeado poderá, ainda, ceder a laje para instituição de lajes sucessivas, desde que tenha autorização expressa dos titulares da construção-base e das lajes de primeiro, segundo, terceiro graus e, assim, sucessivamente. Deve-se, entretanto, respeitar a ordem urbanística e a edilícia vigentes.

O direito real de laje poderá ser constituído por ato inter vivos ou *causa mortis* ou, ainda, por usucapião[12]. Como configura-se sobre bem imóvel, deverá respeitar a regra do art. 108 c/c art. 1.227 do Código Civil.

Entre os direitos do lajeado estão: o direito de usar, gozar, dispor e reaver o bem e o direito de preferência para aquisição do imóvel, em caso de alienação da construção-base pelo

---

2   Processos n. 1376-44.2013.8.17.0001/26ª Vara Cível do Recife (Pernambuco, 2017a) e n. 27691-84.2013.8.17.0001/ 26ª Vara Cível do Recife (Pernambuco, 2017b).

proprietário, que deverá comunicá-lo para se manifestar no prazo de 30 dias, se outro não tiver previsto no contrato.

O direito de preferência também assiste ao proprietário da construção-base e ao lajeado, nessa ordem, caso uma das construções sobrepostas seja alienada, respeitando o mesmo prazo de 30 dias, conforme art. 1.510-D, *caput*, do Código Civil.

Por fim, acrescenta os parágrafos 1º e 2º do mesmo artigo sobre o processo de alienação das unidades:

> § 1º O titular da construção-base ou da laje a quem não se der conhecimento da alienação poderá, mediante depósito do respectivo preço, haver para si a parte alienada a terceiros, se o requerer no prazo decadencial de cento e oitenta dias, contado da data de alienação.
>
> § 2º Se houver mais de uma laje, terá preferência, sucessivamente, o titular das lajes ascendentes e o titular das lajes descendentes, assegurada a prioridade para a laje mais próxima à unidade sobreposta a ser alienada. (Brasil, 2002a, art. 1.510-D)

No que diz respeito a seus deveres, o lajeado responderá pelos encargos e tributos referentes à sua unidade. Ele também é proibido realizar obras, deixar de reparar a segurança da sua unidade, prejudicar a linha arquitetônica ou o acervo estético do bem, respeitando sempre as normas previstas na legislação local, como plano diretor ou lei específica, conforme previsão do art. 1.510-B do Código Civil.

Por fim, assim estabelece o art. 1.510-C:

> Art. 1.510-C. Sem prejuízo, no que couber, das normas aplicáveis aos condomínios edilícios, para fins do direito real de laje, as despesas necessárias à conservação e fruição das partes que sirvam a todo o edifício e ao pagamento de serviços de interesse comum serão partilhadas entre o proprietário da construção-base e o titular da laje, na proporção que venha a ser estipulada em contrato.
>
> § 1º São partes que servem a todo o edifício:
>
> I – os alicerces, colunas, pilares, paredes-mestras e todas as partes restantes que constituam a estrutura do prédio;
>
> II – o telhado ou os terraços de cobertura, ainda que destinados ao uso exclusivo do titular da laje;
>
> III – as instalações gerais de água, esgoto, eletricidade, aquecimento, ar condicionado, gás, comunicações e semelhantes que sirvam a todo o edifício; e
>
> IV – em geral, as coisas que sejam afetadas ao uso de todo o edifício. (Brasil, 2002a)

As formas de extinção da laje previstas na lei são as seguintes: extinção com a ruína da construção-base, exceto se a laje tiver sido construída no subsolo, ou se a construção-base não for reconstruída no prazo de cinco anos, conforme art. 1.510-E do Código Civil. Interessante mencionar que, caso o proprietário da construção-base adquira a laje, ou vice-versa, não haverá extinção desse direito real, por se tratar de unidades imobiliárias autônomas.

Em síntese, o direito real de laje ainda pode ser considerado um novo direito real se considerarmos séculos e séculos de estudos e reflexões acerca das titularidades. Ainda restam diversos pontos que precisam ser aprimorados para que a laje seja mais utilizada nas comunidades brasileiras. Citamos, como exemplo, a necessidade de regulamentação, por parte dos municípios e do Distrito Federal, a respeito das posturas edilícias e urbanísticas relacionadas ao direito real de laje. Em outras palavras, é fato que, ainda, não há legislações municipais que tratam do assunto, o que dificulta sua concretização.

Outros temas ainda estão no vácuo, como o direito real de laje em áreas públicas, o direito real de laje como objeto de hipoteca e sua garantia de acesso ao crédito, questões processuais acerca de sua defesa (via possessória ou petitória), forma de incidência de tributos, possibilidade de partilha em casos de divórcio ou direitos sucessórios do lajeado, entre tantos outros sobre os quais ainda pairam diversas dúvidas e que precisam ser pensados com urgência.

O instituto está diretamente atrelado ao direito à moradia digna, ao déficit habitacional no sistema brasileiro, à função social da propriedade e à regularização de imóveis como forma de fomentar a economia brasileira. Por isso, deixá-lo como "letra morta no código" significa rejeitar moradia e acessibilidade a milhares de brasileiros que vivem em lajes no país.

— 5.5 —
Direitos reais sociais

A concessão de uso especial para fins de moradia e a concessão de direito real de uso são denominadas *direitos reais sociais* porque visam concretizar os direitos socais previstos no art. 6º da CF/1988[13].

Os direitos reais sociais caracterizam-se por duas peculiaridades em relação aos demais direitos reais. A primeira é que são os únicos direitos reais inseridos no rol do art. 1.225 do Código Civil instituídos sobre bens públicos. Os demais direitos reais, quando têm uma característica pública, como o direito de superfície ou a servidão, são estudados em legislações próprias como já falamos anteriormente. A segunda é que são os únicos direitos reais que não estão sistematizados no próprio Código Civil. A concessão de uso especial para fins de moradia (Cuem) está regulamentada na Medida Provisória n. 2.220, de 4 de setembro de 2001 (Brasil, 2001b), e a concessão de direito real de uso está regulamentada no Decreto n. 271, de 28 de fevereiro de 1967 (Brasil, 1967).

Entre as classificações de direitos reais já analisadas, os direitos reais sociais são direitos reais sobre coisas alheias, e, nesse caso, a propriedade será do Poder Público, de um de seus entes federativos: União, estados, municípios ou Distrito Federal e territórios.

---

3 "Art. 6º São direitos sociais a educação, a saúde, a alimentação, o trabalho, a moradia, o transporte, o lazer, a segurança, a previdência social, a proteção à maternidade e à infância, a assistência aos desamparados, na forma desta Constituição". (Brasil, 1988)

O modelo constitucional atual exige postulados metodológicos de grande relevância para a pertinência do estudo das titularidades e trânsito jurídico, pois a matriz sustentada pelo modelo liberal, calcado no conteúdo individualista da propriedade, deu lugar à função social e ao redimensionamento de seu estudo pelo viés humanizado.

Uma nova ordem do direito das "coisas" instaura-se, com o intuito de desenvolver um aporte funcionalizado não apenas da propriedade, mas também dos chamados *direitos reais sobre coisas alheias*; portanto, torna-se necessário discutir a situação jurídica proprietária e não proprietária emprestando-lhe conteúdo harmonizador entre interesses individuais e sociais[14].

Assim, o estudo a respeito da função social dos direitos reais sobre coisa alheia categorizados pela doutrina juscivilista como direito real social, denominados *concessão de uso especial para fins de moradia* e *concessão de direito real de uso*, trata de instrumentos de política pública de promoção e de regularização do solo urbano que insere a população de baixa renda na situação jurídica não proprietária ao acesso à moradia.

Para além da discussão a respeito da função social do bem privado, **a concessão de uso especial para fins de moradia como**

---

[4] Nesse sentido, o professor Eroulths Cortiano Junior (2002a, p. 153) argumenta que: "Importante o proprietário, mais importante o não proprietário: na situação jurídica funcionalizada o direito dos outros está presente, mas principalmente no que se refere ao estatuto de acesso aos bens. A propriedade passa a ter uma função central de redistribuição de rendas. A totalidade da situação proprietária passa a implicar, para o seu titular, no concomitante respeito a crescentes situações não proprietárias. A proteção à dignidade humana e o propósito da redução das desigualdades exigem proteção do excluído, e esta proteção leva a discussão da acessibilidade aos bens".

direito real previsto no art. 1.225, inciso XI, do Código Civil reflete a necessidade de conceituação da titularização da posse exercida em bens públicos e o dimensionamento de sua função social.

A relação jurídica será formada, de um lado, pelo proprietário do imóvel – Poder Público – e, do outro, pelo concessionário, figura do possuidor não proprietário a quem deverão ser concedidas algumas das prerrogativas até então formatadas apenas ao proprietário, como o acesso ao crédito, por exemplo.

Nesse contexto, a Constituição Federal de 1988 reconhece, no Título VII – Da ordem econômica e financeira, algumas políticas urbanas, entre elas a usucapião especial urbana e a concessão de uso.

Diante da impossibilidade da usucapião de bens públicos, a Constituição trouxe, então, novo instituto regularizador de urbanização da posse exercida em área pública.

Em 2001, houve uma tentativa de regulamentação da concessão de uso especial para fins de moradia no projeto de lei que deu origem ao Estatuto da Cidade, Lei n. 10.257/2001, nos arts. 15 a 20, mas que foram vetados pelo então Presidente da República,

Fernando Henrique Cardoso[15]. Logo em seguida, entretanto, a regulamentou por meio da edição da Medida Provisória n. 2.220/2001, que dispõe sobre a concessão de uso especial de que trata o art. 183, parágrafo 1º, da Constituição de 1988, e cria o Conselho Nacional de Desenvolvimento Urbano (CNDU), com alteração pela Lei n. 13.465/2017 (Brasil, 2001b; 2017).

Na realidade, a natureza jurídica da concessão de uso especial para fins de moradia é de ato administrativo vinculado.

---

5 "O instituto jurídico da concessão de uso especial para fins de moradia em áreas públicas é um importante instrumento para propiciar segurança da posse – fundamento do direito à moradia – a milhões de favelas e loteamentos irregulares. Algumas imprecisões do projeto de lei trazem, no entanto, riscos à aplicação desse instrumento inovador, contrariando o interesse público. O caput do art. 15 do projeto de lei assegura o direito à concessão de uso especial para fins de moradia àquele que possuir como sua área ou edificação urbana de até duzentos e cinquenta metros quadrados situado em imóvel público. A expressão "edificação urbana" no dispositivo visaria a permitir a regularização de cortiços em imóveis públicos, que, no entanto, é viabilizada pela concessão a título coletivo, prevista no art. 16. Ela se presta, por outro lado, a outra leitura, que poderia gerar demandas injustificadas do direito em questão por parte de ocupantes de habitações individuais de até duzentos e cinquenta metros quadrados de área edificada em imóvel público. Os artigos 15 a 20 do projeto de lei contrariam o interesse público, sobretudo por não ressalvarem do direito à concessão de uso especial aos imóveis públicos afetados ao uso comum do povo, como praças e ruas, assim como áreas urbanas de defesa de interesse nacional, da preservação ambiental ou destinados a obras públicas. Seria mais do que razoável, em caso de ocupação destas áreas, possibilitar a satisfação do direito à moradia em outro local, como prevê o art. 17 em relação à ocupação em áreas de risco. O projeto não estabelece uma data-limite para a aquisição do direito à concessão de uso especial, o que torna permanente um instrumento só justificável pela necessidade imperiosa de solucionar o imenso passivo de ocupações irregulares gerado em décadas de urbanização desordenada. Por fim, não há no art. 18 a definição expressa de um prazo para que a Administração Pública processe os pedidos de concessão de direito de uso que, previsivelmente, virão em grande número a partir da vigência deste instrumento. Isto traz o risco de congestionar o Poder Judiciário com demandas que, num prazo razoável, poderiam e deveriam ser satisfeitas na instância administrativa. Pelas razões expostas, propõe-se o veto aos arts. 15 a 20 do projeto de lei. Em reconhecimento à importância e validade do instituto da concessão de uso especial para fins de moradia, o Poder Executivo submeterá sem demora ao Congresso Nacional um texto normativo que preencha essa lacuna, buscando sanar as imprecisões apontadas" (Simão; Tartuce, 2008, p. 373-374).

A Administração Pública outorga a concessão ao particular facultando-lhe a utilização privativa do bem público para que ele a exerça mediante o cumprimento de determinada finalidade. Cumpridos os requisitos previstos na referida medida provisória, "outra medida não se espera da Administração senão a de outorgar a concessão. A lei não lhe outorgou qualquer margem de liberdade para decidir sobre a outorga ou não da concessão" (Carvalho Filho, 2015, p. 1.226).

Ainda nesse contexto, a Lei n. 11.481, de 31 de maio de 2007, deu *status* de direito real à concessão de uso especial para fins de moradia e à concessão de direito real de uso, inserindo-as no inciso XI do art. 1.225 do Código Civil, concedendo-lhe eficácia real (Brasil, 2007a).

Qual seria a *mens legis* atribuída à passagem de *status* de ato administrativo vinculado para direito real da concessão de uso especial para fins de moradia e da concessão de direito real de uso?

Entre outros motivos, ao conceder eficácia real ao ato administrativo vinculado, os direitos reais sociais instituídos em bens imóveis públicos passam a ser passíveis de garantia hipotecária, conforme redação dada pelo art. 1.473 do Código Civil: "Podem ser objeto de hipoteca: [...] VIII – o direito de uso especial para fins de moradia" (Brasil, 2002a); e ainda, pelo art. 13 da Lei 11.481/2007, que garante que a concessão de uso especial para fins de moradia deva ter sua aceitação assegurada pelos agentes financeiros no âmbito do Sistema Financeiro da Habitação (SFH).

Assim, o discurso dominante sobre a função social dos direitos reais confere o preenchimento não apenas da função social da propriedade privada, mas também da função social dos direitos reais sobre coisas alheias, trazendo uma nova proposta à dinâmica da função social da propriedade pública; prova maior da superação entre público e privado.

Entre os elementos norteadores dessa função social, destacamos a possibilidade da concessão de uso especial para fins de moradia como requisito objetivo de garantia hipotecária que promove a função social dos direitos reais de garantia, resultando em instrumentos de dinamização das relações econômicas, na valorização do mercado imobiliário e no enaltecimento dos sistemas de financiamento de abertura de crédito de seus titulares – estatisticamente representados, nesse caso, pela população de baixa renda, sem meios ou condições de acesso à propriedade privada.

Considerando, então, que a concessão de uso especial para fins de moradia seja instrumento de garantia à moradia adequada, já que o Brasil, nos últimos anos, legislou arduamente e ratificou diversos tratados e convenções internacionais que, direta ou indiretamente, buscaram consolidar garantias habitacionais, o estudo atento aos direitos reais sociais passa a ser de grande relevância no contexto das titularidades.

No ordenamento nacional, o direito à moradia foi inserido na Carta Maior, no art. 6º, como direito social por meio da Emenda Constitucional n. 26/2000.

O déficit habitacional brasileiro, segundo dados do Instituto Brasileiro de Geografia e Estatísticas (IBGE), em notícia publicada pelo G1 (2012), apontou uma situação desastrosa acerca do direito à moradia, comprovando total desrespeito aos enunciados normativos internos e internacionais, bem como aos critérios básicos de moradia adequada estabelecidos pelo Comentário n. 4 do Comitê sobre os Direitos Econômicos, Sociais e Culturais da relatoria da Organização das Nações Unidas (ONU) sobre direito à moradia adequada (Brasil, 2013a).

O Comitê n. 4 da ONU instaurou o Pacto Social, referido no parágrafo anterior, que, entre outras medidas, trata de temas relacionados ao direito à moradia adequada e das políticas em torno de sua concretização. Esse pacto foi ratificado pelo Brasil em 2000, quando o direito à moradia passou a ser inserido no rol de direito sociais previsto no art. 6º da Constituição Federal.

Com base nos critérios estabelecidos pelo órgão internacional e ratificado pelo Brasil, foram estabelecidos alguns requisitos para que o direito à moradia fosse considerado seguro. Os principais pontos são:

- Segurança da posse: a moradia não é adequada se os seus ocupantes não têm um grau de segurança de posse que garanta a proteção legal contra despejos forçados, perseguição e outras ameaças.

- Disponibilidade de serviços, materiais, instalações e infraestrutura: a moradia não é adequada se os seus ocupantes não têm água potável, saneamento básico, energia para cozinhar, aquecimento, iluminação, armazenamento de alimentos ou coleta de lixo.
- Economicidade: a moradia não é adequada se o seu custo ameaça ou compromete o exercício de outros direitos humanos dos ocupantes.
- Habitabilidade: a moradia não é adequada se não garantir a segurança física e estrutural proporcionando um espaço adequado, bem como proteção contra o frio, umidade, calor, chuva, vento, outras ameaças à saúde.
- Acessibilidade: a moradia não é adequada se as necessidades específicas dos grupos desfavorecidos e marginalizados não são levadas em conta.
- Localização: a moradia não é adequada se for isolada de oportunidades de emprego, serviços de saúde, escolas, creches e outras instalações sociais ou se localizados em áreas poluídas ou perigosas.
- Adequação cultural: a moradia não é adequada se não respeitar e levar em conta a expressão da identidade cultural.

Fonte: United Nations, 1991, citada por Brasil, 2013a, p. 13.

A seguir, apresentaremos um estudo específico sobre os direitos reais sociais, a começar pela concessão de uso especial para fins de moradia.

— 5.5.1 —
Concessão de uso especial para fins de moradia

Segundo a administrativista Maria Silvia Zanella Di Pietro (2006, p. 65), "concessão é o contrato administrativo pelo qual a Administração Pública faculta ao particular a utilização privativa de bem público, para que se exerça conforme a sua destinação". Sua natureza é de direito público. Trata-se de um ato bilateral, pois, para o Poder Público, gera o dever de entregar o título de concessionário ao cidadão que preencheu os requisitos previstos na Medida Provisória 2.220/2001 (Brasil, 2001b) e, ao titular do direito real, gera o dever de utilizar a coisa, conforme finalidade exigida pelo Poder Público.

Podemos dizer que, nesse caso, é um ato gratuito, pois a Administração Pública não receberá nenhuma contraprestação pelo uso da coisa pelo particular. Por fim, trata-se de um ato *intuitu personae*, visto ser concedido em razão de determinadas pessoas que alcançaram os requisitos da lei.

Com natureza jurídica de ato administrativo vinculado, e não de contrato administrativo, segundo José dos Santos Carvalho Filho (2015, p. 1.036):

> Cumprido o suporte fático do direito pelo ocupante, outra conduta não se espera da Administração senão a de outorgar a concessão. A lei não lhe outorgou qualquer margem de liberdade para decidir sobre a outorga ou não da concessão.

Ora, justamente por isso é que a concessão de uso especial para fins de moradia só pode ostentar a natureza jurídica de ato administrativo vinculado, e não de contrato administrativo, como poderia parecer à primeira vista em razão do que sucede nas demais formas de concessão.

Conforme já apontamos, a concessão de uso especial para fins de moradia é disciplinada ainda pela MP n. 2.220/2001 de que voltamos a tratar agora. Faremos a análise das modalidades previstas na MP com base no critério modalidade *versus* finalidade.

Podemos afirmar que existem dois tipos de concessão de uso especial para fins de moradia: (1) concessão cuja finalidade é de moradia, que se subdivide em concessão individual e concessão coletiva; (2) concessão cuja finalidade é comercial.

A concessão de uso especial para fins de moradia **individual** está prevista no *caput* do art. 1º da MP n. 2.220/2001. Suas características já foram tratadas neste capítulo.

> Art. 1º Aquele que até 22 de dezembro de 2016, possui como seu, por cinco anos, ininterruptamente e sem oposição, até duzentos e cinquenta metros quadrados de imóvel público situado em área urbana, utilizando-o para sua moradia ou de sua família, tem direito à concessão de uso especial para fins de moradia em relação ao objeto da posse, desde que não seja proprietário ou concessionário, a qualquer título de outro imóvel urbano ou rural. (Brasil, 2001b)

A concessão **coletiva** de uso especial para fins de moradia está prevista no *caput* do art. 2º da MP n. 2.220/2001:

> Art. 2º Nos imóveis de que trata o art. 1º, com mais de duzentos e cinqüenta metros quadrados, que, até 22 de dezembro de 2016, estavam ocupados por população de baixa renda para sua moradia, por cinco anos, ininterruptamente e sem oposição, onde não for possível identificar os terrenos ocupados por possuidor, a concessão de uso especial para fins de moradia será conferida de forma coletiva, desde que os possuidores não sejam proprietários ou concessionários, a qualquer título, de outro imóvel urbano ou rural.
>
> § 1º O possuidor pode, para o fim de contar o prazo exigido por este artigo, acrescentar sua posse à de seu antecessor, contanto que ambas sejam contínuas.
>
> § 2º Na concessão de uso especial de que trata este artigo, será atribuída igual fração ideal de terreno a cada possuidor, independentemente da dimensão do terreno que cada um ocupe, salvo hipótese de acordo escrito entre os ocupantes, estabelecendo frações ideais diferenciadas.
>
> § 3º A fração ideal atribuída a cada possuidor não poderá ser superior a duzentos e cinqüenta metros quadrados. (Brasil, 2001b)

Nesse caso, uma vez que os requisitos citados foram devidamente preenchidos, caberá ao Poder Público a regularização da concessão de uso especial para fins de moradia em sua modalidade coletiva, ou seja, para um número indeterminado de pessoas. Para essa caracterização, os requisitos legais deverão ser preenchidos, quais sejam: (a) população de baixa renda (observando-se, nas leis estaduais, quais os parâmetros utilizados para definição de "baixa renda" para fins de Cuem); e (b) área superior a 250 m².

Ao final, cada concessionário que preencher devidamente os requisitos receberá uma quota-parte da área ocupada, podendo, de acordo com cada caso concreto, estabelecer frações distintas, não sendo permitido que cada área individualmente considerada seja superior a 250 m².

Importante destacarmos o conceito de *população* para fins de compreensão desse artigo. A mesma discussão se travou quando foram acrescentados os parágrafos 4º e 5º do art. 1.228 do Código Civil ao se referir "considerável número de pessoas". Portanto, utilizando as ideias defendidas por alguns doutrinadores sobre o que seja "considerável número de pessoas", deixamos para os juízes analisarem em cada caso concreto o que venha a ser população de baixa renda.

Uma situação curiosa que foi determinada por essa medida provisória foi a inserção de uma modalidade **comercial** de concessão que está prevista em seu art. 9º:

> Art. 9º É facultado ao Poder Público competente dar autorização de uso àquele que, até 22 de dezembro de 2016, possuiu como seu, por cinco anos, ininterruptamente e sem oposição, até duzentos e cinqüenta metros quadrados de imóvel público situado em área urbana, utilizando-o para fins comerciais

§ 1º A autorização de uso de que trata este artigo será conferida de forma gratuita.

§ 2º O possuidor pode, para o fim de contar o prazo exigido por este artigo, acrescentar sua posse à de seu antecessor, contanto que ambas sejam contínuas.

§ 3º Aplica-se à autorização de uso prevista no *caput* deste artigo, no que couber, o disposto nos arts. 4º e 5º desta Medida Provisória. (Brasil, 2001b)

Nessa modalidade, a pessoa que ocupa a área poderá requerer o título de concessão, desde que preenchidos alguns requisitos como: ocupação de área de até 250 m² e utilização para fins comerciais. Nessa situação, acredita-se que a lei quis privilegiar os pequenos comércios instalados em comunidades brasileiras, que rentabilizam a economia do local e podem garantir segurança ao pequeno empresário investidor de seu negócio. Parte da doutrina critica essa modalidade, considerando que a concessão de uso especial para fins de moradia deveria ter uma finalidade exclusivamente habitacional, garantindo, assim, a moradia adequada das pessoas que preencham os requisitos do art. 1º da MP n. 2.220/2001. Contudo, se considerarmos que esse comércio, muitas vezes, seria o meio pelo qual o ocupante paga seu aluguel, investe em sua casa, enfim, instaura uma moradia adequada, poderíamos, sim, fazer uma extensão do título de concessão para sua modalidade comercial.

Outro ponto no qual o legislador tomou certo cuidado foi a possibilidade da garantia do título de concessão de uso especial para fins de moradia em local diferente daquele em que a posse inicial foi exercida. Inclusive, esse foi um dos motivos pelo qual o instituto foi vetado quando de sua inserção no Estatuto da Cidade, já que, em seu texto original, não havia previsão de caracterização em local diferente. Essa situação poderá ocorrer caso acarrete um dano e um risco à vida e à saúde das pessoas que ocupam a área ou tratar-se de bem de uso comum do povo, ou, ainda, haja situações de proteção de ecossistemas naturais, situação de defesa nacional, preservação do patrimônio histórico cultural, preservação ambiental, projetos de urbanização, locais reservados à construção de represas e acessos de comunicação. Todas essas situações estão previstas nos arts. 4º e 5º da medida provisória em estudo.

Diante dessa situação, questiona-se como ocorreria a transposição do local e qual seria o outro local adequado para a instalação desses ocupantes e regularização da área pelo título de concessão.

A dificuldade para responder a essa questão encontra-se no fato de que as ocupações irregulares ocorrem, geralmente, nas grandes cidades, em especial, no centro, onde o acesso a transporte, escolas públicas e locais de emprego é facilitado para essas pessoas. A ocupação em "locais ideais" pode acarretar, muitas vezes, uma ocupação irregular em áreas ambientais ou de periculosidade em razão do transporte nas vias de acesso. Ainda outra situação se impera quando da retirada dessas pessoas porque, comumente, elas retornam ao local de origem correndo risco de vida.

Os conjuntos públicos habitacionais que são criados para a finalidade de reinstalação desses ocupantes são construídos em locais extremamente distantes dos grandes polos urbanos, dificultando o acesso ao projeto de urbanização e melhoria de vida dessas pessoas, motivo pelo qual o retorno ao local de origem se torna prática corriqueira.

Estamos diante de um grande problema sem solução, que depende de políticas públicas e empenho de todos os entes federativos para que haja habitabilidade desses ocupantes.

O processo de tornar titular do direito real de concessão de uso especial para fins de moradia encontra-se previsto no art. 6º da MP n. 2.220/2001. Primeiramente, é necessário requerimento na Administração Pública. Ao analisar o pedido, a Administração poderá negar o reconhecimento considerando que os requisitos não estão devidamente preenchidos ou conceder o direito aos ocupantes, seja na área ocupada, seja na área transposta. Em caso de omissão ou negatória do pedido pelo ente federativo, o ocupante poderá fazer o pedido pela via judicial, mas, nesse caso, será necessária a comprovação de que, na esfera administrativa, seu pedido não foi devidamente solucionado ou apreciado.

Uma vez que todos os requisitos da medida provisória estão devidamente preenchidos, não caberá à Administração Pública julgar improcedente seu reconhecimento, uma vez que não se trata de ato discricionário, mas sim de um direito subjetivo que não lhe concede escolha. Preenchidos os requisitos, o pedido deverá ser reconhecido. Eis uma característica muito especial que diferencia a concessão em relação aos demais contratos administrativos. Se o pedido for negado ou omisso, a parte poderá pleitear o pedido judicialmente. Seja a sentença que reconhece o pedido, seja documento expedido pela via administrativa, o ato terá natureza declaratória e será enviado ao cartório de registro de imóveis competente para seu registro e devida existência, nos termos do art. 1.227 do Código Civil e do art. 167, inciso I, item 37, da Lei de Registro Público (Brasil, 1973b).

Outra curiosidade em relação ao título de concessão encontra-se no art. 3º da MP n. 2.220/2001, que garante seu reconhecimento na modalidade coletiva, ou seja, caso a área seja ocupada por um número considerável de pessoas, em áreas urbanas da União, dos estados, do Distrito Federal ou dos municípios. Alguns doutrinadores, por esse motivo, questionam a inconstitucionalidade da MP. Contudo, acreditamos que essa situação não torna o instituto inconstitucional, visto que ele se faz por analogia às modalidades de usucapião especial urbana individual e coletiva, previstas, respectivamente, nos arts. 9º e 10 do Estatuto da Cidade (Brasil, 2001a). Em outras palavras, a modalidade não desvirtua o objetivo do instituto, que é a garantia do direito à moradia adequada, muito pelo contrário, beneficia um maior número de pessoas.

No campo constitucional, outra discussão se impera a respeito da competência legislativa para sistematizar o instituto da concessão. De acordo com o art. 24 da Constituição Federal, a competência para regulamentar temas de ordem urbanística cabe, de modo concorrente, à União, aos estados, aos municípios e ao Distrito Federal. Incide, aqui, a técnica da repartição vertical não cumulativa.

Isso significa que a União tem competência para a edição de normas e princípios gerais de interesse nacional dotados de abstração e exigem certa uniformidade do sistema. Os estados e os municípios teriam competência suplementar das normas de natureza mais específicas no que tange à regularização de áreas urbanas, conforme aspectos especiais e regionais do Brasil.

Portanto, a União, cumprindo seu papel, já regulamentou a concessão de uso especial para fins de moradia por meio da Lei n. 11.481/2007 e da Medida Provisória n. 2.220/2001. Caberá, agora, aos estados e municípios, a edição de normas complementares para uma regulamentação mais sistematizada do instituto. É preciso lembrar que as leis estaduais ou municipais não poderão contrariar as leis federais, sob pena de suspensão.

O título poderá ser extinto por duas formas: (1) por mudança de finalidade legal e (2) uso do ocupante com função desvirtuada daquele prevista na lei atual, qual seja: direito à moradia, ou caso o concessionário venha a tornar-se proprietário de um bem imóvel para fins de moradia. Nesse último caso, não faz sentido o particular onerar o uso da coisa pública sem necessidade.

— 5.5.2 —
Concessão de direito real de uso

A concessão de direito real de uso, prevista no art. 1.225, inciso XII, do Código Civil, também inserida pela Lei n. 11.481/2007, está regulamentada no Decreto-Lei n. 271/1967, em seu art. 7º. Vejamos:

> Art. 7º É instituída a concessão de uso de terrenos públicos ou particulares remunerada ou gratuita, por tempo certo ou indeterminado, como direito real resolúvel, para fins específicos de regularização fundiária de interesse social, urbanização, industrialização, edificação, cultivo da terra, aproveitamento sustentável das várzeas, preservação das comunidades tradicionais e seus meios de subsistência ou outras modalidades de interesse social em áreas urbanas.
>
> § 1º A concessão de uso poderá ser contratada, por instrumento público ou particular, ou por simples termo administrativo, e será inscrita e cancelada em livro especial.
>
> § 2º Desde a inscrição da concessão de uso, o concessionário fruirá plenamente do terreno para os fins estabelecidos no contrato e responderá por todos os encargos civis, administrativos e tributários que venham a incidir sobre o imóvel e suas rendas.
>
> § 3º Resolve-se a concessão antes de seu termo, desde que o concessionário dê ao imóvel destinação diversa da estabelecida no contrato ou termo, ou descumpra cláusula resolutória do ajuste, perdendo, neste caso, as benfeitorias de qualquer natureza.

§ 4º A concessão de uso, salvo disposição contratual em contrário, transfere-se por ato *inter vivos*, ou por sucessão legítima ou testamentária, como os demais direitos reais sobre coisas alheias, registrando-se a transferência.

§ 5º Para efeito de aplicação do disposto no caput deste artigo, deverá ser observada a anuência prévia:

I – do Ministério da Defesa e dos Comandos da Marinha, do Exército ou da Aeronáutica, quando se tratar de imóveis que estejam sob sua administração; e

II – do Gabinete de Segurança Institucional da Presidência de República, observados os termos do inciso III do § 1º do art. 91 da Constituição Federal. (Brasil, 1967)

Existem algumas semelhanças e distinções em relação à concessão de uso especial para fins de moradia e à concessão de direito real de uso. A principal semelhança entre os institutos está no fato de o conteúdo ser preenchido pela caracterização dos direitos sociais previstos no art. 6º da Constituição Federal. As distinções se operam em relação à figura do concessionário. Na concessão de uso especial para fins de moradia, trata-se apenas de pessoas físicas, e na concessão de direito real de uso, poderá o título ser concedido tanto a pessoas físicas quanto jurídicas. Em seguida, na concessão de uso especial para fins de moradia, a finalidade de ocupação será restrita ao direito à moradia ou ao comércio, ao passo que, na concessão de direito real de uso, qualquer conteúdo será possível desde que atrelado aos direitos fundamentais sociais.

Assim, de maneira sucinta, podemos concluir que a concessão de uso especial para fins de moradia e a concessão de direito real de uso, como instrumentos de regularização fundiária de assentamentos urbanos públicos, são instrumentos efetivos para garantia da moradia adequada e acesso ao crédito da população de baixa renda, daqueles que não possuem recursos para aquisição da casa própria, ao tempo que ocupam área pública (impossibilidades de serem usucapidas), cumprindo função social e atendendo aos requisitos legais.

Capítulo 6

Direitos reais de garantia

O sistema de garantias no Brasil é um dos pilares da economia. Conceder mais simplicidade e dinamismo ao sistema de garantias significa acesso ao crédito, giro econômico, aquecimento do mercado e melhores condições de aquisição de bens e de produtos. Embora possamos enfrentar os problemas decorrentes do superendividamento e do consumo inconsciente, um país cuja economia não circula e o ciclo contratual permanece "parado" não gera fonte de emprego e de tributos.

Os direitos reais de garantia decorrem de uma relação jurídica negocial, pois asseguram o possível inadimplemento do devedor frente ao seu credor nessa relação. Aumentam, assim, a chance de o credor receber seu crédito, caso o devedor não venha satisfazê-lo.

Uma vez que decorrem de um contrato anteriormente celebrado, as partes nessas relações são denominadas *credores* e *devedores*, cada qual com sua própria nomenclatura, a fim de facilitar a identificação do direito real em questão.

As garantias reais podem ser classificadas em: (a) direitos reais de garantia sobre coisa alheia: penhor, hipoteca e anticrese; (b) direitos reais de garantia sobre coisa própria: alienação fiduciária de bens móveis e alienação fiduciária de bens imóveis. Historicamente, podemos afirmar que a hipoteca e o penhor têm origem no direito romano, sendo, pois, considerados os direitos reais de garantia mais antigos dos quais temos notícias.

Na hipoteca, as partes são denominadas *credor hipotecário* e *devedor hipotecário*. No penhor, são chamadas de *credor pignoratício* e *devedor pignoratício*. Na anticrese, falamos em *credor anticrético* e *devedor anticrético*. Por fim, na alienação fiduciário, denominados *fiduciante* (devedor) e *fiduciário* (credor).

Cada um desses direitos reais será analisado em temas separados, mas, de modo geral, podemos afirmar que alguns direitos reais de garantia são constituídos por lei, outros, por vontade das partes, e outros, por determinação judicial. Dependendo dessas situações, eles podem ser adquiridos por tradição ou pelo registro no cartório de registro de imóveis, de acordo com a natureza do bem dado em garantia, ou seja, bem móvel ou imóvel.

Ressaltamos, neste ponto, duas regras básicas a respeito dos direitos reais de garantia: a primeira é a obrigatoriedade de outorga, ou vênia conjugal, para gravar com ônus real bem imóvel, quando os cônjuges são casados em quaisquer regimes de bens, exceto no regime de separação absoluta, e também na união estável. Sendo assim, para o devedor hipotecário casado, ao dar um bem em garantia, será obrigatória a outorga de seu consorte. Essa previsão decorre da leitura do art. 1.647, inciso I, do Código Civil, e do Enunciado n. 340, da IV Jornada de Direito Civil (Brasil, 2007b).

A segunda regra importante é o requisito previsto no art. 1.420 do Código Civil, que determina que somente aquele que tem poder para alienar o bem pode dá-lo em garantia real.

Por fim, quando alguém se torna credor com garantia real, terá duas evidentes vantagens em relação ao credor comum (quirografário). A primeira, caso o devedor seja pessoa jurídica cuja falência foi decretada, o credor com garantia real terá certa preferência na fila da falência para o recebimento de seu crédito. Também o credor com garantia real tem chances infinitamente menores do que o credor sem garantia de que sua execução reste frustrada em caso de inadimplemento do devedor, pois o bem dado em garantia já serve exatamente para satisfazer sua dívida, ao passo que o credor quirografário deverá buscar bens no patrimônio do credor, correndo o risco de não encontrá-los ou apenas encontrar bens impenhoráveis, nos termos da Lei n. 8.009/1990 (Brasil, 1990) ou do art. 833 do Código de Processo Civil (Brasil, 2015a).

Atualmente, duas temáticas de projetos de lei tramitam no Congresso Nacional a respeito dessas garantias. A primeira abrange os Projetos de Lei n. 52/2018 e n. 3.096/2019, que caracterizam a hipoteca reversa, cujo objetivo seria aumentar o crédito e a renda de pessoas idosas, a fim de garantir, com base em seu acervo patrimonial, uma renda de crédito extra (Brasil, 2018a; 2019a).

A segunda abrange o Projeto de Lei n. 4.188, de 25 de novembro de 2021, denominado *novo marco das garantias*, e visa exatamente acelerar as relações negociais e melhorar o ambiente de negócios (Brasil, 2021a).

Basicamente, podemos considerar dois sistemas de garantias no Brasil: (1) as garantias típicas, ou tradicionais, e (2) as garantias atípicas, ou autônomas.

A respeito da segunda classificação, o Enunciado n. 582 da VII Jornada de Direito Civil dispõe que: "Com suporte na liberdade contratual e, portanto, em concretização da autonomia privada, as partes podem pactuar garantias contratuais atípicas" (Brasil, 2015b, p. 21).

As garantias tradicionais, por sua vez, podem ser classificadas em garantias pessoais, também chamadas de *garantias fidejussórias*, como o aval e a fiança; e garantias reais, que incluem penhor, hipoteca, anticrese e alienação fiduciária.

Neste livro, trataremos das garantias reais e abordaremos cada uma delas a seguir.

— 6.1 —
Penhor

O penhor, cuja regulamentação está localizada nos arts. 1.431 a 1.472 do Código Civil, pode ser definido como o direito real de garantia sobre coisa alheia, em virtude do qual um bem móvel ou imóvel permanece na posse do credor, assegurando o pagamento de uma dívida. Há exceção nos casos do penhor rural, industrial, mercantil e de veículo, em que a posse dos bens permanece com o devedor, que deverá guardá-los e conservá-los, como disposto no art. 1.431, parágrafo único do Código Civil.

Antes de adentrarmos nessas regras, vale fazermos uma breve distinção entre os institutos jurídicos penhor e penhora. O penhor é instituto de direito material (direito civil), caracterizado, como já vimos, como direito real de garantia, ao passo que a penhora é instituto de natureza processual que decorre de determinação judicial em processo executório no qual o devedor não cumpriu espontaneamente sua obrigação e fez com que o credor, ao ajuizar ação de execução, levasse ao juiz a necessidade de apreensão de bens penhoráveis para satisfação do crédito a que tem direito.

Trata-se de verbos diferentes: no penhor, dizemos que o bem foi *empenhado*, ao passo que, na penhora, falamos que o bem foi *penhorado*.

O penhor pode ser classificado em cinco categorias:

1. **Penhor rural**: que pode ser agrícola ou pecuário, disposto nos arts. 1.438 a 1.446 do Código Civil.
2. **Penhor industrial, ou mercantil**: disposto nos arts. 1.447 a 1.450 do Código Civil.
3. **Penhor de veículos**: previsto nos arts. 1.461 a 1.466 do Código Civil.
4. **Penhor de títulos de crédito**: disciplinado nos arts. 1.451 a 1.460 do Código Civil.
5. **Penhor de joias**: modalidade sem previsão no Código Civil, disponibilizada exclusivamente pela Caixa Econômica Federal (CEF).

As modalidades de penhor rural (agrícola ou pecuário) e industrial, ou mercantil, são adquiridas pelo registro no cartório de registro de imóveis da circunscrição em que estiverem situadas as coisas empenhadas, como prevê o art. 1.438. O penhor de veículos é constituído no cartório de títulos e documentos do domicílio do devedor, informação que deve ser anotada no certificado de propriedade do veículo (art. 1.462). O penhor de títulos de crédito, conforme o art. 1.452 do Código Civil, "constitui mediante entrega/tradição do título ao credor, com posterior registro no cartório de títulos e documentos" (Brasil, 2002a).

Por fim, o penhor de joias, depende das exigências feitas pela CEF no momento da celebração do negócio jurídico, pois, na maioria das vezes, esse penhor decorre de garantia advinda do contrato de mútuo feneratício, celebrado entre o banco e o correntista.

Por fim, o penhor se encerra pela extinção da obrigação que lhe deu origem, pelo perecimento do bem empenhado, pela renúncia do credor, pela confusão (forma de extinção da obrigação no qual credor e devedor se tornam a mesma pessoa), e diante da adjudicação, remição ou venda da coisa da empenhada. Para produção de seus efeitos, com a extinção do penhor, deve-se averbar seu cancelamento onde ele foi instituído.

— 6.2 —
Hipoteca

A hipoteca é o direito real de garantia no qual um bem remanesce na posse do devedor assegurando ao credor o pagamento de uma dívida. A hipoteca encontra-se regulamentada nos arts. 1.473 a 1.505 do Código Civil.

Podem ser objeto de hipoteca os bens a que se refere o art. 1.473:

I – os imóveis e os acessórios dos imóveis conjuntamente com eles;

II – o domínio direto;

III – o domínio útil;

IV – as estradas de ferro;

V – os recursos naturais a que se refere o art. 1.230, independentemente do solo onde se acham;

VI – os navios;

VII – as aeronaves.

VIII – o direito de uso especial para fins de moradia;

IX – o direito real de uso;

X – a propriedade superficiária. (Brasil, 2002a)

Devemos atentar ao fato de que é incorreto afirmarmos que a hipoteca é o direito real que recai apenas em bens imóveis, ao passo que o penhor é o direito real que recai apenas em bens móveis, pois, como podemos observar nos estudos feitos até aqui, tanto no penhor quanto na hipoteca temos bens das duas naturezas.

Destacamos, aqui, duas características importantes sobre hipoteca: a primeira é a de ser nula a cláusula que proíbe o proprietário de alienar o imóvel hipotecado, conforme o art. 1.475 do Código Civil, e a segunda é a que será permitido ao proprietário do imóvel já hipotecado constituir nova hipoteca sobre o mesmo bem, desde que não ultrapasse o limite do valor das dívidas. Como a segunda, ou a terceira, hipoteca pode ser dada ao mesmo ou a novo credor, um mesmo imóvel pode ter, portanto, mais de duas hipotecas.

A hipoteca pode ser classificada em:

a. **Hipoteca convencional**: decorre do exercício da autonomia privada do devedor que, por mera liberalidade, decide gravar seu bem com ônus real da hipoteca, dando-lhe em garantia para o adimplemento de uma relação negocial anteriormente por ele celebrada. Nessa modalidade, exige-se o registro para que possa produzir efeitos perante terceiros.

b. **Hipoteca judicial**: também chamada pela doutrina processualista de *efeito anexo à sentença*, encontra previsão legal no art. 495 do Código de Processo Civil (Brasil, 2015a). Decorre da prolação de uma sentença e, para sua validade, também deverá ser levada a registro no cartório de registro de imóveis, criando um gravame ou ônus real na matrícula do imóvel, objeto da hipoteca.

c. **Hipoteca legal**: não precisa de registro para sua constituição e está prevista nos arts. 1.489 a 1.491 do Código Civil. Determinados credores são considerados especiais pelo legislador, por isso ganham destaque no Código Civil, conforme o art. 1.489. São eles:

> Art. 1.489. [...]
>
> I – às pessoas de direito público interno (art. 41) sobre os imóveis pertencentes aos encarregados da cobrança, guarda ou administração dos respectivos fundos e rendas;

II – aos filhos, sobre os imóveis do pai ou da mãe que passar a outras núpcias, antes de fazer o inventário do casal anterior;

III – ao ofendido, ou aos seus herdeiros, sobre os imóveis do delinqüente, para satisfação do dano causado pelo delito e pagamento das despesas judiciais;

IV – ao co-herdeiro, para garantia do seu quinhão ou torna da partilha, sobre o imóvel adjudicado ao herdeiro reponente;

V – ao credor sobre o imóvel arrematado, para garantia do pagamento do restante do preço da arrematação. (Brasil, 2002a)

Extingue-se a hipoteca, nos termos dos arts. 1.499 a 1.501 do Código Civil, pela extinção da obrigação principal, pelo perecimento da coisa, pela resolução da propriedade pela renúncia do credor, pela remição e pela arrematação ou adjudicação do bem. Feita a extinção, deve-se averbá-la no registro de imóveis onde foi constituído.

Por fim, importante lembrar que o bem imóvel de família destinado à moradia do devedor e sua família dado em garantia como objeto de hipoteca não goza da proteção da impenhorabilidade do bem de família, conforme art. 3º, inciso V, da Lei n. 8.009, de 29 de março de 1990 (Brasil, 1990).

6.3
Anticrese

A anticrese é o direito real de garantia previsto nos arts. 1.506 a 1.510 do Código Civil, em virtude do qual o devedor entrega a posse de um bem móvel ou imóvel ao credor para que este explore economicamente o bem até o pagamento integral da dívida, devolvendo-o, em seguida, ao devedor para que continue na posse plena do bem.

Com relação aos direitos e deveres do credor anticrético, podemos expressar a possibilidade de ele vindicar seus direitos contra o adquirente dos bens, os credores quirografários e os hipotecários posteriores ao registro da anticrese e, inclusive, administrar os bens dados em anticrese e fruir seus frutos e utilidades, mas deverá apresentar anualmente balanço, exato e fiel, de sua administração, conforme o art. 1.507 do Código Civil.

Contudo, se o devedor anticrético não concordar com o que se contém no balanço, por ser inexato, ou ruinosa a administração, poderá impugná-lo e, se o quiser, requerer a transformação em arrendamento, fixando o juiz o valor mensal do aluguel, o qual poderá ser corrigido anualmente, como exposto no art. 1.507 do Código Civil. O credor anticrético responde pelas deteriorações que, por culpa sua, o imóvel vier a sofrer e pelos frutos e rendimentos que, por sua negligência, deixar de perceber.

— 6.4 —
Alienação fiduciária

Quando iniciamos o estudo dos direitos reais, abordamos a discussão a respeito da taxatividade ou não do art. 1.225 do Código Civil, que traz o rol de direitos reais. Parte da doutrina defende ser o rol taxativo, e outra parte defende ser o rol exemplificativo. Considerando esse último posicionamento, temos mais duas correntes: uma dos que defendem ser o rol típico e outra dos que defendem a aplicação ampla da autonomia privada em sede de direitos reais. Filiamo-nos à ideia de que os direitos reais não sejam taxativos, ou seja, podemos ter direitos reais não expostos no art. 1.225 do Código Civil, desde que tenham sido legislados por meio do devido processo legislativo, ou seja, o rol seria exemplificativo, porém típico.

Com base nesse posicionamento, a alienação fiduciária seria um direito real de garantia sobre coisa própria não elencado no Código Civil, mas previsto pelo legislador na Lei n. 9.514, de 20 de novembro de 1997 (Brasil, 1997).

A alienação fiduciária pode ser compreendida como a transferência da posse de um bem móvel ou imóvel do devedor ao credor, sendo utilizado como forma de garantia de contratos de execução continuada ou prolongada, no qual o próprio bem adquirido dado em garantia pelo devedor, sendo, pois, utilizado por ele no cumprimento do contrato que lhe deu origem, reservando-lhe a posse direta, garantindo-lhe o atributo de uso do bem, mas preservando a posse indireta com o credor. Após o pagamento integral da dívida, o devedor torna-se proprietário pleno do bem.

De outra maneira, se a obrigação não foi cumprida, adimplida, o credor buscará tal bem que lhe foi dado em garantia e usará o preço obtido para alienação do bem, a fim de satisfazer seu crédito. Caso haja "sobra" de valores, o dinheiro será reembolsado ao devedor.

Para ilustrar, podemos imaginar que João decide comprar um automóvel ou uma casa, porém não possui recursos para seu pagamento à vista. Diante disso, procura uma instituição financeira para firmar o contrato para compra do bem de forma financiada (contrato de execução prolongada ou continuada). O banco compra o bem desejado do vendedor e entrega-o para João usá-lo. Após, João torna-se possuidor direto do bem e também devedor de seu valor para o banco, que, por sua vez, exigiu que esse mesmo bem adquirido lhe fosse dado em garantia, caso João não cumprisse com sua obrigação.

Essa hipótese citada é uma alienação fiduciária em garantia. A partir de então, duas situações podem ocorrer. A primeira é João cumprir integralmente o contrato, quitar sua dívida com o banco. Nesse caso, tornar-se-á proprietário pleno do bem. A segunda é João não conseguir arcar com seu compromisso e se tornar inadimplente com o banco. Nesse caso, opera-se ao banco o direito de apreender o bem e vendê-lo para que, com o dinheiro da venda, satisfaça seu crédito.

Atualmente, a alienação fiduciária é o direito real de garantia mais utilizado no mundo negocial.

A rigor, como afirmamos no início, as garantias reais têm uma função assecuratória, ou seja, visam assegurar o cumprimento/ adimplemento de uma obrigação. As quatro situações jurídicas reais apresentadas neste capítulo vinculam-se à segurança jurídica das relações econômicas que são desenvolvidas em um contexto dinâmico e célere do mundo negocial.

Considerações finais

As questões em torno dos temas que envolvem titularidades e trânsito jurídico sempre foram polêmicas no direito privado, pois as relações de natureza real subvertem o princípio basilar do direito civil, qual seja: o principio da autonomia privada. No direito das coisas, a vontade do particular, em regra, não é absoluta e requer uma série de limitações e contornos que são exaltados pelo legislador com objetivo de implementar e garantir o cumprimento dos princípios constitucionais e o bem--estar social.

O Código Civil traz, então, uma preocupação com a posição que a posse e a propriedade exercem nas relações negociais. Contudo, emprestar funcionalidade a esses e outros institutos que tratam das titularidades só é possível por meio de uma leitura constitucionalizada do direito das coisas. Quando ressignificamos os direitos reais e a posse – para aqueles que entendem não ser ela um direito real – e damos a eles um significado no contexto constitucional, garantimos verdadeiramente que seu conteúdo seja preenchido pela função social. Em outras palavras, quando a posse e a propriedade são lidas pelos "olhos da Constituição" verdadeiramente, seu papel é implementado no contexto e na realidade brasileira em prol do bem-estar de todos, da solidariedade, da dignidade; enfim, dos ditames existenciais garantidos em nossa Carta Maior.

Por esse motivo, o estudo da posse deste livro foi direcionado para os aspectos legais, processuais e constitucionais em uma intepretação triangular entre o Código Civil, o Código de Processo Civil e a Constituição Federal.

Nesse mesmo sentido, analisamos a propriedade por meio de seus aspectos legais e estruturais, estabelecendo uma conexão com sua função social, exigida pelo texto constitucional. A propriedade, ao mesmo tempo que satisfaz as necessidades de seu titular, deve cumprir sua função socioambiental. Por essa razão, no terceiro capítulo, apresentamos uma breve análise do sistema condominial nos últimos 20 anos para apontar questões interessantes que dizem respeito a algumas formas de interpretação dos direitos reais, por meio de determinadas temáticas.

Primeiramente, devemos concluir dois itens que sempre foram primordiais para o estudo das titularidades: tempo e espaço. Contudo, parece-nos que esses elementos passaram, e ainda passam, por uma ressignificação na forma de uso e compartilhamento de bens e na forma de produção.

Gozamos de uma época em que se busca acesso, celeridade e praticidade. A sociedade "prêt-à-porter" valoriza as titularidades por meio de um olhar diferente daquele que vínhamos trabalhando nos últimos anos.

Nesse contexto, também tratamos das novas formas de condomínio e do direito de vizinhança. Evidenciamos que as formas condominiais tradicionais permaneceram, contudo, outras surgiram, a fim de preencher o conteúdo desejado atualmente. Sendo assim, as políticas públicas de regularização fundiária validaram formas desburocratizadas garantidoras do direito à moradia em áreas ocupadas irregularmente, por meio dos condomínios urbanos simples. Garantiram, ainda, o fomento de novos empreendimentos imobiliários com a regulamentação dos condomínios simples e dos condomínios em multipropriedade.

Quanto à prevalência da autotomia privada e novas formas de limitação e uso dos condomínios edilício, as convenções de condomínios passam a ser cada vez mais discutidas, criando novos alcances no uso dos bens comuns. Uma realidade sem volta que precisa ainda de muita reflexão.

Tudo isso impacta também o estudo do direito de vizinhança que preza pelo sossego, saúde e segurança dos agentes. Por essa razão, abordarmos, de maneira sistematizada, o estudo dos direitos reais sobre coisas alheias, sem deixar de lado a ordem social e econômica em que esses direitos estão inseridos. Analisamos as distinções básicas entre o usufruto, o uso e o direito real de habitação e examinamos, de maneira pormenorizada, as demais situações de direitos reais sobre coisas alheias, como superfície, servidão, direito real de laje e direitos reais sociais.

Por fim, abordamos as relações negociais garantidas pelos direitos reais de garantia por meio de uma análise do Código Civil e das demais legislações que permeiam o estudo desse tema.

A sociedade contemporânea clama por novos horizontes, e o sistema das titularidades deve moldar-se a essas novas necessidades, consideradas, sobretudo, pelo viés dos princípios humanizados garantidos na Constituição Federal de 1988.

Referências

AGUIAR, C.; BORBA, T. Regularização fundiária e procedimentos administrativos. In: ROLNIK, Raquel et al. **Regularização fundiária de assentamentos informais urbanos**. Belo Horizonte: PUC Minas Virtual, 2006. p. 139-190.

ALMEIDA, G. A. de; PERRONE-MOISÉS, C. **Direito internacional dos direitos humanos**: instrumentos básicos. São Paulo: Atlas, 2002.

ALVIM, A. Função social da propriedade. Palestra proferida no II Simpósio Nacional de Direito Civil. **Revista Autônoma de Direito Privado**, Curitiba, n. 1, p. 11-23, out./dez. 2006.

AMARAL, F. **Direito civil**: introdução. 6. ed. rev. e aum. de acordo com o novo Código Civil. Rio de Janeiro: Renovar, 2006.

AMARAL, F. O direito civil na pós-modernidade. In: FIÚZA, C.; SÁ, M. de F. F. de; NAVES, B. T. de O. **Direito civil**: atualidades I. Belo Horizonte: Del Rey, 2003. p. 61-77.

BARBOSA, C. de L. C.; PAMPLONA FILHO, R. Compreendendo os novos limites à propriedade: uma análise do art. 1.228 do Código Civil brasileiro. **Jus.com.br**, 15 maio 2005. Disponível em: <https://jus.com.br/artigos/6725/compreendendo-os-novos-limites-a-propriedade>. Acesso em: 30 jan. 2023.

BITTAR, C. A. **Os direitos de personalidade**. 7. ed., rev. e atual. Rio de Janeiro: Forense, 2006.

BONAVIDES, P.; ANDRADE, P. de. **História constitucional do Brasil**. Rio de Janeiro: Paz e Terra, 2001.

BORGES, R. C. B. **Disponibilidade dos direitos de personalidade e autonomia privada**. 2. ed. São Paulo: Saraiva, 2007.

BORGES, R. C. B. **Função ambiental da propriedade rural**. São Paulo: Revista dos Tribunais, 1999.

BORGES, R. C. B. Função ambiental da propriedade. **Revista de Direito Ambiental**, São Paulo, v. 9, n. 9, p. 67-85, 1998.

BRASIL. Constituição (1988). **Diário Oficial da União**, Brasília, DF, 5 out. 1988. Disponível em: <http://www.planalto.gov.br/ccivil_03/constituicao/constituicao.htm>. Acesso em: 30 jan. 2023.

BRASIL. Constituição (1988). Emenda Constitucional n. 26, de 14 de fevereiro de 2000. **Diário Oficial da União**, 15 fev. 2000. Disponível em: <http://www.planalto.gov.br/ccivil_03/constituicao/emendas/emc/emc26.htm>. Acesso em: 30 jan. 2023.

BRASIL. Decreto-Lei n. 271, de 28 de fevereiro de 1967. **Diário Oficial da União**, Brasília, DF, 28 fev. 1967. Disponível em: <http://www.planalto.gov.br/ccivil_03/decreto-lei/del0271.htm>. Acesso em: 30 jan. 2023.

BRASIL. Lei n. 6.001, de 19 de dezembro de 1973. **Diário Oficial da União**, Brasília, DF, 21 dez. 1973a. Disponível em: <http://www.planalto.gov.br/ccivil_03/leis/l6001.htm>. Acesso em: 30 jan. 2023.

BRASIL. Lei n. 6.015, de 31 de dezembro de 1973. **Diário Oficial da União**, Brasília, DF, 31 dez. 1973b. Disponível em: <http://www.planalto.gov.br/ccivil_03/leis/l6015compilada.htm>. Acesso em: 30 jan. 2023.

BRASIL. Lei n. 8.009, de 29 de março de 1990. **Diário Oficial da União**, Brasília, DF, 30 mar. 1990. Disponível em: <http://www.planalto.gov.br/ccivil_03/leis/l8009.htm>. Acesso em: 30 jan. 2023.

BRASIL. Lei n. 8.245, de 18 de outubro de 1991. **Diário Oficial da União**, Brasília, DF, 21 out. 1991. Disponível em: <http://www.planalto.gov.br/ccivil_03/leis/l8245.htm>. Acesso em: 30 jan. 2023.

BRASIL. Lei n. 9.514, de 20 de novembro de 1997. **Diário Oficial da União**, Brasília, DF, 21 nov. 1997. Disponível em: <http://www.planalto.gov.br/ccivil_03/leis/l9514.htm>. Acesso em: 30 jan. 2023.

BRASIL. Lei n. 10.257, de 19 de julho de 2001. **Diário Oficial da União**, Brasília, DF, 11 jul. 2001a. Disponível em: <http://www.planalto.gov.br/ccivil_03/leis/leis_2001/l10257.htm>. Acesso em: 30 jan. 2023.

BRASIL. Lei n. 10. 406, de 10 de janeiro de 2002. **Diário Oficial da União**, Brasília, DF, 11 jan. 2002a. Disponível em: <http://www.planalto.gov.br/ccivil_03/leis/2002/l10406compilada.htm>. Acesso em: 30 jan. 2023.

BRASIL. Lei n. 10.931, de 2 de agosto de 2004. **Diário Oficial da União**, Brasília, DF, 3 ago. 2004. Disponível em: <http://www.planalto.gov.br/ccivil_03/_ato2004-2006/2004/lei/l10.931.htm>. Acesso em: 30 jan. 2023.

BRASIL. Lei n. 11.481, de 31 de maio de 2007. **Diário Oficial da União**, Brasília, DF, 31 maio 2007a. Disponível em: <http://www.planalto.gov.br/ccivil_03/_ato2007-2010/2007/lei/l11481.htm>. Acesso em: 30 jan. 2023.

BRASIL. Lei n. 11.977, de 7 de julho de 2009. **Diário Oficial da União**, Brasília, DF, 8 jul. 2009. Disponível em: <http://www.planalto.gov.br/ccivil_03/_ato2007-2010/2009/lei/l11977.htm>. Acesso em: 30 jan. 2023.

BRASIL. Lei n. 12.424, de 16 de junho de 2011. **Diário Oficial da União**, Brasília, DF, 17 jun. 2011. Disponível em: <http://www.planalto.gov.br/ccivil_03/_ato2011-2014/2011/lei/l12424.htm>. Acesso em: 30 jan. 2023.

BRASIL. Lei n. 13.105, de 16 de março de 2015. **Diário Oficial da União**, Brasília, DF, 17 mar. 2015a. Disponível em: <http://www.planalto.gov.br/ccivil_03/_ato2015-2018/2015/lei/l13105.htm>. Acesso em: 30 jan. 2023.

BRASIL. Lei n. 13.465, de 11 de julho de 2017. **Diário Oficial da União**, Brasília, DF, 12 jul. 2017. Disponível em: <http://www.planalto.gov.br/ccivil_03/_ato2015-2018/2017/lei/l13465.htm>. Acesso em: 30 jan. 2023.

BRASIL. Medida Provisória n. 2.220, de 4 de setembro de 2001. **Diário Oficial da União**, Brasília, DF, 5 set. 2001b. Disponível em: <http://www.planalto.gov.br/ccivil_03/MPV/2220.htm>. Acesso em: 30 jan. 2023.

BRASIL. Câmara dos Deputados. Projeto de Lei n. 3.096, de 22 de maio de 2019a. Disponível em: <https://www.camara.leg.br/propostas-legislativas/2204486>. Acesso em: 30 jan. 2023.

BRASIL. Câmara dos Deputados. Projeto de Lei n. 4.188, de 25 de novembro de 2021a. Disponível em: <https://www.camara.leg.br/propostas-legislativas/2309053>. Acesso em: 30 jan. 2023.

BRASIL. Conselho da Justiça Federal. **Jornadas de Direito Civil**: Enunciados aprovados. Disponível em: <https://www.cjf.jus.br/cjf/corregedoria-da-justica-federal/centro-de-estudos-judiciarios-1/publicacoes-1/jornadas-cej>. Acesso em: 30 jan. 2023.

BRASIL. Conselho da Justiça Federal. Enunciado n. 77. JORNADA DE DIREITO CIVIL, 1., 2002b, **Anais...** Brasília, DF, Disponível em: <https://www.cjf.jus.br/enunciados/enunciado/704>. Acesso em: 30 jan. 2023.

BRASIL. Conselho da Justiça Federal. Enunciado n. 236. JORNADA DE DIREITO CIVIL, 3., 2004, Brasília, DF, **Anais...** Brasília: CJF, 2005a. Disponível em: <https://www.cjf.jus.br/cjf/corregedoria-da-justica-federal/centro-de-estudos-judiciarios-1/publicacoes-1/jornadas-cej/iii-jornada-de-direito-civil-1.pdf>. Acesso em: 30 jan. 2023.

BRASIL. Conselho da Justiça Federal. Enunciado n. 246. JORNADA DE DIREITO CIVIL, 3., 2004, Brasília, DF, **Anais...** Brasília: CJF, 2005b. Disponível em: <https://www.cjf.jus.br/cjf/corregedoria-da-justica-federal/centro-de-estudos-judiciarios-1/publicacoes-1/jornadas-cej/iii-jornada-de-direito-civil-1.pdf>. Acesso em: 30 jan. 2023.

BRASIL. Conselho da Justiça Federal. Enunciado n. 251. JORNADA DE DIREITO CIVIL, 3., 2004, Brasília, DF, **Anais...** Brasília: CJF, 2005c. Disponível em: <https://www.cjf.jus.br/cjf/corregedoria-da-justica-federal/centro-de-estudos-judiciarios-1/publicacoes-1/jornadas-cej/iii-jornada-de-direito-civil-1.pdf>. Acesso em: 30 jan. 2023.

BRASIL. Conselho da Justiça Federal. Enunciado n. 340. JORNADA DE DIREITO CIVIL, 4., 2007, v. I, Brasília, DF, **Anais...** Brasília: CJF, 2007b. Disponível em: <https://www.cjf.jus.br/cjf/corregedoria-da-justica-federal/centro-de-estudos-judiciarios-1/publicacoes-1/jornadas-cej/IV%20Jornada%20volume%20I.pdf>. Acesso em: 30 jan. 2023.

BRASIL. Conselho da Justiça Federal. Enunciado n. 582. JORNADA DE DIREITO CIVIL, 7., 2015, Brasília, DF, **Anais...** Brasília: CJF, 2015b. Disponível em: <https://www.cjf.jus.br/cjf/corregedoria-da-justica-federal/centro-de-estudos-judiciarios-1/publicacoes-1/jornadas-cej/vii-jornada-direito-civil-2015.pdf>. Acesso em: 30 jan. 2023.

BRASIL. Conselho da Justiça Federal. Enunciado n. 596. JORNADA DE DIREITO CIVIL, 7., 2015, Brasília, DF, **Anais...** Brasília: CJF, 2015c. Disponível em: <https://www.cjf.jus.br/cjf/corregedoria-da-justica-federal/centro-de-estudos-judiciarios-1/publicacoes-1/jornadas-cej/vii-jornada-direito-civil-2015.pdf>. Acesso em: 30 jan. 2023.

BRASIL. Secretaria de Direitos Humanos da Presidência da República. **Direito à moradia adequada.** Brasília: Coordenação Geral de Educação em SDH/PR, Direitos Humanos, Secretaria Nacional de Promoção e Defesa dos Direitos Humanos, 2013a. Disponível em: <https://urbanismo.mppr.mp.br/arquivos/File/DH_moradia_final_internet.pdf>. Acesso em: 30 jan. 2023.

BRASIL. Senado Federal. Projeto de Lei n. 52, de 20 de fevereiro de 2018a. Disponível em: <https://www25.senado.leg.br/web/atividade/materias/-/materia/132282>. Acesso em: 30 jan. 2023.

BRASIL. Senado Federal. Projeto de Lei n. 3.461, de 12 de junho de 2019b. Disponível em: <https://www25.senado.leg.br/web/atividade/materias/-/materia/137247>. Acesso em: 30 jan. 2023.

BRASIL. Superior Tribunal de Justiça. Recurso Especial n. 1.134.387/SP. Relatora Ministra Nancy Andrigi, julgado em 13 abr. 2013. **Diário da Justiça Eletrônico,** 29 maio 2014a.

BRASIL. Superior Tribunal de Justiça. Recurso Especial n. 1.179.259/MG. Relatora Ministra Nancy Andrighi, julgado em 14 de maio de 2013. **Diário da Justiça Eletrônico,** 24 maio 2013b. Disponível em: <https://stj.jusbrasil.com.br/jurisprudencia/23325085/recurso-especial-resp-1179259-mg-2010-0025595-2-stj/inteiro-teor-23325086>. Acesso em: 30 jan. 2023.

BRASIL. Superior Tribunal de Justiça. Recurso Especial n. 1.183.133/RJ. Relator: Ministro Luís Felipe Salomão, julgado em 17 de novembro de 2015. **Diário da Justiça Eletrônico**, 1 fev. 2016. Disponível em: <https://stj.jusbrasil.com.br/jurisprudencia/861589259/recurso-especial-resp-1183133-rj-2010-0039641-4/inteiro-teor-861589342>. Acesso em: 30 jan. 2023.

BRASIL. Superior Tribunal de Justiça. Recurso Especial n. 1.249.227/SC. Relator Ministro Luiz Felipe Salomão, julgado em 17 de dezembro de 2013. **Diário da Justiça Eletrônico**, 25 mar. 2014b.

BRASIL. Superior Tribunal de Justiça. Recurso Especial n. 1. 315.606. Relator Ministro Marco Aurélio Bellizze, julgado em 13 de maio de 2019. **Diário da Justiça Eletrônico**, 16 maio 2019c.

BRASIL. Superior Tribunal de Justiça. Recurso Especial n. 1.436.350. Relator Ministro Paulo Tarso Sanseverino, julgado em 26 de abril de 2022. **Diário da Justiça Eletrônico**, 29 abril 2022.

BRASIL. Superior Tribunal de Justiça. Recurso Especial n. 1.520.294/SP. Relatora Ministra Isabel Galloti, julgado em 26 de agosto de 2020. **Diário da Justiça Eletrônico**, 2 set. 2020.

BRASIL. Superior Tribunal de Justiça. Recurso Especial n. 1.546.165/SP. Relator Ministro Ricardo Villas Bôas Cueva, julgado em 26 de abril de 2016. **Diário da Justiça Eletrônico**, 6 set. 2016.

BRASIL. Superior Tribunal de Justiça. Recurso Especial n. 1.582.178. Relator Ministro Ricardo Villas Bôas Cueva, julgado em 11 de setembro de 2018. **Diário da Justiça Eletrônico**, 14 set. 2018b.

BRASIL. Superior Tribunal de Justiça. Recurso Especial n. 1.757.984. Relator Ministro Antonio Carlos Ferreira, julgado em 28 de março de 2019. **Diário da Justiça Eletrônico**, 2 abr. 2019d.

BRASIL. Superior Tribunal de Justiça. Recurso Especial n. 1.846.167/SP. Relatora Ministra Nancy Andrigi, julgado em 9 de fevereiro de 2021. **Diário da Justiça Eletrônico**, 11 fev. 2021b. Disponível em: <https://www.conjur.com.br/dl/direito-real-habitacao-nao-admite.pdf>. Acesso em: 30 jan. 2023.

BRASIL. Superior Tribunal de Justiça. Recurso Especial n. 1.865.202/SP. Relator Ministro Paulo de Tarso Sanseverino, julgado em março de 2021. **Diário da Justiça Eletrônico**, 15 mar. 2021c.

BRASIL. Superior Tribunal de Justiça. Súmula n. 228, de 20 de outubro de 1999. **Diário da Justiça**, Brasília, DF, 20 out. 1999.

CARVALHO FILHO, J. dos S. **Manual de direito administrativo**. 28. ed. Rio de Janeiro: Atlas, 2015.

CARVALHO FILHO, J. dos S. Regularização fundiária: direito fundamental na política urbana. **Revista de Direito Administrativo**, v. 247, p. 139-155, jan. 2008. Disponível em: <https://bibliotecadigital.fgv.br/ojs/index.php/rda/article/view/41552/40864>. Acesso em: 30 jan. 2023.

CAVALIERI FILHO, S. **Programa de responsabilidade civil**. 7. ed., rev. e ampl. São Paulo: Atlas, 2007.

CASSETTARI, C.; SALOMÃO, M. C. (Coord.). **Registro de imóveis**. Indaiatuba: Foco, 2022.

CHINELATO, S. J. de A.; HIRONAKA, G. M. F. N. Propriedade e posse: uma releitura dos ancestrais institutos. **Revista Trimestral de Direito Civil**, Rio de Janeiro, v. 14, p. 79-111, abr/jun 2003.

CORTIANO JUNIOR, E. **O discurso jurídico da propriedade e suas rupturas:** uma análise do ensino do direito de propriedade. Rio de Janeiro: Renovar, 2002a.

CORTIANO JUNIOR, E. Para além das coisas: breve ensaio sobre o direito, a pessoa e o patrimônio mínimo. In: RAMOS, C. L. S. et. al. (Org.). **Diálogos sobre direito civil**: construindo a racionalidade contemporânea. Rio de Janeiro: Renovar, 2002b. p. 155-165. (v. I).

COULANGES, F. de. **A cidade antiga**. Tradução de Roberto Leal Ferreira. São Paulo: Martin Claret, 2002.

DALLARI, A. A.; FIGUEIREDO, L. V. (Coord.). **Temas de direito urbanístico 1**. São Paulo: Revista dos Tribunais, 1987.

DANELUZZI, M. D. Desapropriação indireta em unidades de conservação. **Revista de Direito Ambiental**, São Paulo, n. 5, p. 45-60, 1997.

DANELUZZI, M. H. M. B.; MATHIAS, M. L. C. Considerações sobre a lei n. 11.481/07. Concessão de uso especial para fins de moradia e concessão de direito real de uso. **Revista Justiça**, São Paulo, v. 64, n. 197, p. 33-48, jul./dez. 2007.

DI PIETRO, M. S. Z. Concessão de uso especial para fins de moradia: MP 2220, de 4.9.01. In: DALLARI, A. A.; FERRAZ, S. (Coord.). **Estatuto da cidade**: comentários à lei federal n. 10.257/2001. São Paulo: Malheiros, 2002. p. 149-170.

DI PIETRO, M. S. Z. **Direito administrativo**. 19. ed. São Paulo: Atlas, 2006.

DI PIETRO, M. S. Z. Função social da propriedade pública. **Revista Eletrônica de Direito do Estado**, n. 6, Salvador, abr./jun. 2006. Disponível em: <http://www.direitodoestado.com.br/codrevista. asp?cod=104>. Acesso em: 30 jan. 2023.

DIAS, M. L. A função social ambiental da cidade como princípio constitucional. **Fórum de Direito Urbano e Ambiental**, Belo Horizonte, ano 3, n. 16, p. 1.793-1.798, jul./ago. 2004.

FACHIN, L. E. **A função social da posse e a propriedade contemporânea**: uma perspectiva da usucapião imobiliária rural. Porto Alegre: Fabris, 1988.

FACHIN, L. E. **Estatuto jurídico do patrimônio mínimo**: à luz do novo Código Civil Brasileiro e da Constituição Federal. 2. ed. atual. Rio de Janeiro: Renovar, 2006.

FARIA, E. F. de. **Curso de direito administrativo positivo**. 2. ed. Belo Horizonte: Del Rey, 1999.

FARIAS, C. C. de; ROSENVALD, N. **Direitos reais**. 3. ed. Rio de Janeiro: Lumen Júris, 2006.

FERNANDES, E. Direito urbanístico e política urbana no Brasil: uma introdução. In: FERNANDES, E. (Org.) **Direito urbanístico e política urbana no Brasil**. Belo Horizonte: Del Rey, 2001. p. 31-64.

FERNANDES, E. **Preservação ambiental ou moradia?** Um falso conflito. São Paulo, 2008. Disponível em: <https://www.irib.org.br/obras/preservacao-ambiental-ou-moradia-um-falso-conflito>. Acesso em: 30 jan. 2023.

FERNANDES, E.; RUGANI, J. M. (Org.). **Cidade, memória e legislação**: a preservação do patrimônio na perspectiva do direito urbanístico. Belo Horizonte: IAB/MG, 2002.

FERREIRA FILHO, M. G. **Comentários à constituição brasileira de 1969**. 6. ed. São Paulo: Saraiva, 1986.

FERREIRA, S. de A. **O direito de propriedade e as limitações e ingerências administrativas**. São Paulo: Revista dos Tribunais, 1980.

FIÚZA, C. **Direito civil**: curso completo. 7. ed., rev., atual. e ampl. Belo Horizonte: Del Rey, 2003.

FORTINI, C. A função social dos bens públicos e o mito da imprescritibilidade. **Revista Brasileira de Direito Municipal**, Belo Horizonte, ano 5, v. 12, p. 113-122, abr./jun. 2004.

FORTINI, C.; LAFETÀ, A. S. A concessão de uso especial para fins de moradia: análise da medida provisória n. 2220, de 4 de setembro de 2001. **Revista do Tribunal de Contas do Estado de Minas Gerais**, Belo Horizonte, ano XIX, v. 45, n. 4, p. 127-141, out./dez. 2002.

FRANÇA, R. L. **Instituições de direito civil**. 5. ed., rev. e atual. São Paulo: Saraiva, 1999.

FREITAS, V. P. de. **A constituição federal e a efetividade das normas ambientais**. 2. ed. São Paulo: Revista dos Tribunais, 2002.

FUCCI, P. E. **Condomínio, estatuto da cidade e o novo código civil**. São Paulo: J. de Oliveira, 2003.

G1. Apenas 52,5% das moradias do Brasil têm condições adequadas, diz IBGE. **G1**, 17 out. 2012. Disponível em: <https://g1.globo.com/brasil/noticia/2012/10/apenas-525-das-moradias-do-brasil-tem-condicoes-adequadas-diz-ibge.html>. Acesso em: 30 jan. 2023.

GALUPPO, M. C. **Metodologia da pesquisa**. Belo Horizonte: PUC Minas, 2007.

GASPARINI, D. **O estatuto da cidade**. São Paulo: NDJ, 2002.

GOMES, L. F. Urbanização desordenada + miséria = criminalidade. **Revista Jurídica Consulex**, São Paulo, ano VI, n. 133, p. 32-33, jul. 2002.

GOMES, O. **Direitos reais**. 19. ed. rev., atual. e aum. por Luiz Edson Fachin. Rio de Janeiro: Forense, 2004.

GONDINHO, A. P. da R. O. **Direitos reais e autonomia da vontade**: o princípio da tipicidade dos direitos reais. Rio de Janeiro: Renovar, 2000.

GUSTIN, M. B. de S.; DIAS, M. T. F. **(Re)pensando a pesquisa jurídica**: teoria e prática. Belo Horizonte: Del Rey, 2002.

HARADA, K. Concessão de uso especial de imóvel urbano. **Revista Jus Navigandi**, Teresina, ano 6, n. 52, 1 nov. 2001. Disponível em: <https://jus.com.br/artigos/2421>. Acesso em: 30 jan. 2023.

HECK, J. N. Estado e propriedade na doutrina do direito de Kant. **Veritas**, Porto Alegre, v. 43, n. 1, p. 169-179, mar. 1998.

HUMBERT, G. L. H. O estudo de impacto de vizinhança como instrumento de proteção ao meio ambiente cultural. **Fórum de Direito Urbano e Ambiental**, Belo Horizonte, ano 5, n. 27, p. 3.323-3.326, maio/jun. 2006.

LACERDA DE ALMEIDA, F. de P. **Direito das cousas**. Rio de Janeiro: J. Ribeiro dos Santos, 1908.

LEME, L. de M. **Direito civil comparado**. São Paulo: Revista dos Tribunais, 1962.

LENZA, P. **Direito constitucional esquematizado**. 13. ed. São Paulo: Saraiva, 2009.

LIMA, M. R. de. O direito fundamental à moradia e o patrimônio público: convergências e antagonismos. **Interesse Público**, Porto Alegre, ano 5, n. 18, p. 179-189, mar./abr. 2003.

LIMA, T. M. M. de. Princípios fundantes do direito civil. In: FIÚZA, C.; SÁ, M. de F. F. de; NAVES, B. T. de O. **Direito civil**: atualidades I. Belo Horizonte: Del Rey, 2003. p. 241-258.

LIMONGI, R. F. **Instituições de direito civil**. 5. ed., rev. e atual. São Paulo: Saraiva, 1999.

MAFRA FILHO, F. de S. A. Estudos introdutórios ao direito urbanístico. **Fórum de Direito Urbano e Ambiental**, Belo Horizonte, ano 5, n. 25, p. 3.019-3.025, jan./fev. 2006.

MALUF, C. A. D. **Limitações ao direito de propriedade**. São Paulo: Saraiva, 1997.

MALUF, S. **Direito constitucional**. 12. ed. São Paulo: Sugestões Literárias, 1980.

MATHIAS, M. L. C.; DANELUZZI, M. H. M. B. Considerações sobre a Lei n. 11.481/07: concessão de uso especial para fins de moradia e concessão de direito real de uso. **Opus Justitiae**, São Paulo, v. 197, p. 193-197, 2008.

MEIRELLES, H. L. **Direito administrativo brasileiro**. 26. ed., atual. São Paulo: Malheiros, 2001.

MELLO, O. A. B. de. Limitação do direito de propriedade (parecer). **Revista de Jurisprudência Brasileira**, São Paulo, v. 51, p. 231, 1943.

MENDONÇA, A. B. de; FERREIRA, O. A. V. A. Eficácia dos direitos fundamentais nas relações privadas. In: CAMARGO, M. N. (Org.). **Leituras complementares de direito constitucional**: direitos fundamentais. 2. ed. Salvador: JusPodivm, 2007. p. 137-155.

MENDONÇA, R. De favelado a dono de casa própria. **Revista Época**, Rio de Janeiro, 24 set. 2009. Disponível em: <http://revistaepoca.globo.com/Revista/Epoca/0,,EMI95088-15223,00-DE+FAVELADO+A+DONO+DE+CASA+PROPRIA.html>. Acesso em: 30 jan. 2023.

MINAS GERAIS. Tribunal de Justiça. Apelação Cível n. 1.0000.21.057 880-3/001. Relator Desembargador Ramon Tácio. **Diário de Justiça**, Belo Horizonte, 18 jun. 2021.

MORAES, M. C. B. de. **Danos à pessoa humana**: uma leitura civil-constitucional dos danos morais. Rio de Janeiro: Renovar, 2003.

MORAES, M. C. B. de. O direito civil constitucional. In: CAMARGO, M. M. L. (Org.). **1988-1998**: uma década de constituição. Rio de Janeiro: Renovar, 1999. p. 76-89.

MUKAI, S. T. Direito à moradia e a concessão especial para fins de moradia. **Fórum de Direito Urbano e Ambiental**, Belo Horizonte, ano 7, n. 38, p. 79-82, mar./abr. 2008.

MUKAI, T. Restrições urbanísticas à propriedade privada. **Fórum de Direito Urbano e Ambiental**, Belo Horizonte, ano 5, n. 26, p. 3197-3120, mar./abr. 2006.

NERY JÚNIOR, N.; NERY, R. M. A.. **Código civil comentado**. 5. ed. rev., atual. e ampl. São Paulo: Revista dos Tribunais, 2007.

OLIVEIRA, C. E. E. O que o direito real de laje? **Associação dos Notários e Registradores do Estado de São Paulo**, 25 set. 2017. Disponível em: <https://www.anoregsp.org.br/noticias/20390/artigo-o-que-e-o-direito-real-de-laje-a-luz-da-lei-13.4652017-parte-2-por-carlos-eduardo-elias-de-oliveira?filtro=1,10r77>. Acesso em: 30 jan. 2023.

PEIXOTO, A. C. et al. **O liberalismo no Brasil império**: origens, conceitos e prática. Rio de Janeiro: Revan, 2001.

PENTEADO, L. de C. **Direito das coisas**. São Paulo: Revista dos Tribunais, 2008.

PEREIRA, C. M. da S. **Instituições de direito civil**. 19. ed., rev. e atual. de acordo com o Código Civil de 2002, atualizada por Carlos Edison do Rêgo Monteiro Filho. Rio de Janeiro: Forense, 2005. v. VI.

PERLINGIERI, P. **Perfis do direito civil**: introdução ao direito civil constitucional. 3. ed. Tradução de Maria Cristina De Cicco. Rio de Janeiro: Renovar, 2007.

PERNAMBUCO. Tribunal de Justiça. Processo n. 1376-44.2013.8.17.0001. **Diário de Justiça** eletrônico, 15 jul. 2017a. Disponível em: <https://irib.org.br/app/webroot/files/downloads/files/Senten%C3%A7a-Usucapi%C3%A3o-Extraordin%C3%A1rio-Procedente-Direito-de-laje.pdf>. Acesso em: 30 jan. 2023.

PERNAMBUCO. Tribunal de Justiça. Processo n. 27691-84.2013.8.17.0001. **Diário de Justiça** eletrônico, 15 jul. 2017b. Disponível em: <https://irib.org.br/app/webroot/files/downloads/files/Senten%C3%A7a-Usucapi%C3%A3o-Extraordin%C3%A1rio-Procedente-Direito-de-laje.pdf>. Acesso em: 30 jan. 2023.

PORTUGAL. Decreto-Lei n. 47.344, de 25 de novembro de 1966. **Código Civil**. Disponível em: <https://www.igac.gov.pt/documents/20178/358682/C%C3%B3digo+Civil.pdf/2e6b36d8-876b-433c-88c1-5b066aa93991>. Acesso em: 30 jan. 2023.

PRADO, K. M. O direito de construir frente à função social da propriedade urbana. **Revista Trimestral de Direito Civil**, Rio de Janeiro, v. 6, n. 21, p. 29-51, jan. 2005.

RENTERIA, P. V.; DANTAS, M. Propriedade. In: BARRETO, V. de P. (Coord.). **Dicionário de filosofia do direito**. São Leopoldo: Unisinos, Rio de Janeiro: Renovar, 2006. p. 666-669.

RIZZARDO, A. **Direito das coisas**. 3. ed. rev. e atual. Rio de Janeiro: Forense, 2007.

ROBERTO, G. B. S. **Introdução à história do direito privado e da codificação**. 2. ed. Belo Horizonte: Del Rey, 2008.

RODRIGUES, S. **Direito civil**. São Paulo: Saraiva, 2004. v. 5: Direito das coisas.

SALES, C. B. Dos direitos reais sociais. In: SOUZA, A. S. R. **Direito das coisas**. Belo Horizonte: Del Rey, 2009. p. 223-227.

SALES, C. B. **Humanização dos direitos reais**: das limitações do direito de propriedade aos novos direitos reais de uso e moradia. 109 f. Dissertação (Mestrado em Direito) – Faculdade Mineira de Direito da Pontifícia Universidade Católica de Minas Gerais, Belo Horizonte, 2010. Disponível em: <http://www.biblioteca.pucminas.br/teses/Direito_SalesCB_1.pdf>. Acesso em: 30 jan. 2023.

SALES, C. B.; SOUZA, A. S. R. Dignidade humana e direitos reais sociais: instrumentos de efetividade à moradia e demais interesses socais. JORNADA DE PRODUÇÃO CIENTÍFICA EM DIREITOS FUNDAMENTAIS E ESTADO. Criciúma, 11 a 13 de maio de 2009. **Anais...**, Criciúma: Unesc, 2009. 1 CD-Rom.

SANTOS, B. de S. **O direito dos oprimidos**. São Paulo: Cortez, 2010.

SANTOS JUSTO, A. Direito privado romano – III. Direitos reais. **Boletim da Faculdade de Direito de Coimbra**, Coimbra, v. 1, n. 1, p. 33-78, 1997.

SCHREIBER, A.; TEPEDINO, G. Função social da propriedade e legalidade constitucional. Anotações à decisão proferida pelo Tribunal de Justiça do Rio Grande do Sul (AI 598.360.402 – São Luiz Gonzaga). **Direito, Estado e Sociedade**, Rio de Janeiro, v. 9, n. 17, p. 41-47, ago./dez. 2000.

SILVA, J. de A. **Concessão de uso especial para fins de moradia**: instrumento de efetividade dos direitos sociais à moradia e à cidade sustentável? 179 f. Dissertação (Mestrado em Direito) – Faculdade Mineira de Direito, Belo Horizonte, 2006.

SILVA, J. A. da. **Comentário contextual à constituição.** 2. ed. de acordo com a EC 52. São Paulo: Malheiros, 2006.

SILVA, J. A. da. **Curso de direito constitucional positivo.** 30. ed. São Paulo: Malheiros, 2007.

SILVA, J. A. da. **Direito urbanístico brasileiro.** São Paulo: Revista dos Tribunais, 1981.

SILVA, R. P. A teoria dos direitos fundamentais e o ambiente natural como prerrogativa humana individual. **Revista de Direito Ambiental**, São Paulo, v. 46, p. 164-190, 2007.

SIMÃO, J. F.; TARTUCE, F. **Direito civil.** São Paulo: Método, 2008. v. 4: Direito das coisas. (Série Concurso Público).

SOTO, H. de. **O mistério do capital.** Rio de Janeiro: Record, 2001.

SOUZA, A. S. R. Da autonomia privada nas situações jurídicas patrimoniais e existenciais. Princípio da autonomia privada × princípio do numerus clausus em sede de direitos reais: um breve estudo de sua adequação à constituição brasileira de 1988. In: FIÚZA, C.; SÁ, M. de F. F. de; NAVES, B. T. de O. (Coord.). **Direito civil**: atualidades II. Belo Horizonte: Del Rey, 2007. p. 211-227.

SOUZA, A. S. R. **Direito das coisas.** Belo Horizonte: Del Rey, 2009.

SOUZA, A. S. R. Do direito de propriedade ao dever da propriedade. CONGRESSO NACIONAL DO CONPEDI, 16. **Anais...** Florianópolis: Fundação Boiteux, 2008a. CD-Rom, p. 4.059-4.078.

SOUZA, A. S. R. O meio ambiente como direito difuso e a sua proteção como exercício de cidadania. CONGRESSO NACIONAL DO CONPEDI, 16. **Anais...** Florianópolis: Fundação Boiteux, 2008b. CD-Rom, p. 2.581-2.592.

SOUZA, S. I. N. de. **Direito à moradia e de habitação.** Análise comparativa e suas implicações teóricas e práticas com os direitos de personalidade. 2. ed. São Paulo: Revista dos Tribunais, 2008.

STOLZE, P.; VIANA, S. Direito real de laje: finalmente a lei. **Jus.com.br,** 13 jul. 2017. Disponível em: <https://jus.com.br/artigos/59131/direito-real-de-laje-finalmente-a-lei>. Acesso em: 30 jan. 2023.

SZANIAWSKI, E. **Direitos de personalidade e sua tutela.** 2. ed., rev., atual e ampl. São Paulo: Revista dos Tribunais, 2005.

TAPAI, G. de M. B. (Coord.). **Novo Código Civil Brasileiro:** estudo comparativo com o código de 1916, Constituição Federal, legislação codificada e extravagante. São Paulo: Revista dos Tribunais, 2002.

TARTUCE, F. **Direito civil:** direito das coisas. 17. ed. Rio de Janeiro: Forense, 2021.

TEPEDINO, G. A nova propriedade (o seu conteúdo mínimo, entre o Código Civil, e legislação ordinária e a Constituição). **Revista Forense,** Rio de Janeiro, v. 306, p. 73-78, 1989.

TEPEDINO, G. **Multipropriedade imobiliária.** São Paulo: Saraiva, 1993.

TEPEDINO, G. **Temas de direito civil.** Rio de Janeiro: Renovar, 2006. t. II: Humanismo e solidariedade na sociedade em transformação.

TEPEDINO, G. **Temas de direito civil.** Rio de Janeiro: Renovar, 2006. t. II: Os direitos reais no novo Código Civil.

TEPEDINO, G. **Temas de direito civil**. Rio de Janeiro: Renovar, 2001. t. I: Contornos constitucionais da propriedade privada.

TEPEDINO, G.; MONTEIRO FILHO, C. E. do R.; RENTERIA, P. **Fundamentos de direito civil**. 2. ed. Rio de Janeiro: Forense, 2021. v. 5: Direitos reais.

TUCCI, J. R. C. e. Restrições ao direito de construir: novas perspectivas. **Revista Síntese de Direito Civil e Processual Civil**, Porto Alegre, n. 13, p. 38-44, set./out. 2001.

VALLE, G. **Glossário de direito romano**. Contagem: PUC-Minas, 2001. Apostila.

VENOSA, S. de S. **Direito civil**. 3. ed. atual. de acordo com o novo Código Civil. Editora Atlas. São Paulo, 2003. v. 5: Direitos reais.

VENOSA, S. de S. **Lei do inquilinato comentada**: doutrina e prática – Lei n. 8.245, de 18-10-91. 9. ed., rev. e atual. São Paulo: Atlas, 2009.

Sobre a autora

Camila Bottaro Sales Coelho é doutoranda em Direito das Relações Sociais pela Universidade Federal do Paraná (UFPR). Mestre em Direito Privado (2010), especialista em Direito de Família e Sucessões (2006) e graduada em Direito (2005) pela Pontifícia Universidade Católica de Minas Gerais (PUC Minas). Atua como advogada na área cível, com foco em direito imobiliário, e como professora universitária, desde 2007, em cursos de graduação e pós-graduação em Direito e áreas correlatas. Coordena o eixo Titularidades do grupo de pesquisa Virada de Copérnico, da UFPR. Também é palestrante e autora de livros e obras científicas. Em 2019, ficou em 1º lugar na categoria

Ensino do prêmio Aloísio Surgik, em evento promovido pela OAB/Paraná. Seus interesses de pesquisa estão ligados à área de direitos reais, imobiliário, registral e em metodologias ativas para ensino superior em Direito.

Os papéis utilizados neste livro, certificados por instituições ambientais competentes, são recicláveis, provenientes de fontes renováveis e, portanto, um meio responsável e natural de informação e conhecimento.

FSC
www.fsc.org
MISTO
Papel produzido
a partir de
fontes responsáveis
FSC® C103535

Impressão: Reproset
Abril/2023